汽车性能与检测技术

丛书主编　俞佳飞
主　　编　谢祖通　颜传武
副 主 编　沈海青　阮　立
参　　编　韩　洁　张宇翔
　　　　　郭荣辉　张立成

机械工业出版社

本书按照项目任务形式进行编写，以汽车技术服务与营销类岗位所需的理论知识和操作技能为主，对汽车使用性能与检测技术进行了阐述，主要内容包括汽车检测技术的认识及外观检测、汽车底盘性能检测、汽车的经济性与检测、汽车公害与检测、汽车仪表照明系统检测，共 5 个项目 14 个任务。

本书可作为职业院校汽车技术服务与营销、汽车检测与维修技术专业的教材，也可供相关专业及从事汽车营销的人员参考。

本书配备了教学课件、任务工单和习题答案等教学资源，凡是选用本书作为授课教材的教师，均可登录 www.cmpedu.com 以教师身份注册后免费下载教学资源。

图书在版编目（CIP）数据

汽车性能与检测技术 / 谢祖通，颜传武主编. 北京 ：机械工业出版社，2025. 8. -- (中高职一体化课程改革成果教材 / 俞佳飞主编). -- ISBN 978-7-111-78811-9

Ⅰ. U472. 9

中国国家版本馆CIP数据核字第2025MN3876号

机械工业出版社（北京市百万庄大街22号　邮政编码100037）

策划编辑：于志伟　　　　责任编辑：于志伟　葛晓慧

责任校对：梁　园　陈　越　　封面设计：王　旭

责任印制：刘　媛

三河市骏杰印刷有限公司印刷

2025年8月第1版第1次印刷

210mm × 285mm・8印张・246千字

标准书号：ISBN 978-7-111-78811-9

定价：42.00 元

电话服务	网络服务
客服电话：010-88361066	机　工　官　网：www.cmpbook.com
010-88379833	机　工　官　博：weibo.com/cmp1952
010-68326294	金　　书　　网：www.golden-book.com
封底无防伪标均为盗版	机工教育服务网：www.cmpedu.com

前　言
PREFACE

随着汽车工业的迅猛发展和汽车技术的日新月异，汽车已成为现代社会不可或缺的交通工具。汽车的使用性能直接关系到驾驶人的安全、舒适感以及车辆的节能环保性能，而汽车检测技术是保障汽车性能、延长汽车使用寿命、提高交通安全的重要手段。因此，掌握汽车性能与检测技术对于汽车行业的从业人员、科研人员以及广大车主来说，都具有极其重要的意义。

本书旨在为学生提供一套系统、全面、实用的汽车使用性能与检测技术知识体系。通过本书的学习，学生将能够深入了解汽车的动力性、经济性、安全性、操纵稳定性、环保性等主要使用性能的评价指标和检测方法，掌握汽车检测技术的基本原理、操作流程，会分析检测参数不合格的原因，为从事汽车服务技术、营销、运用与管理等工作打下坚实的基础。

本书内容结构严谨，注重理论与实践相结合：在理论部分，详细介绍了汽车使用性能的基本概念、评价指标和影响因素，以及汽车检测技术的基本原理和最新发展动态；在实践部分，结合汽车技术服务与营销专业学生的特点，要求学生收集客户及汽车的相关信息，分析客户使用汽车过程中存在的问题，解答客户疑问，消除客户疑虑。此外，本书还积极引入国内外最新技术成果和行业标准，确保内容的先进性和实用性。

本书在编写过程中，充分考虑了学生的学习需求和阅读习惯，力求做到语言通俗易懂、条理清晰、重点突出。同时，本书也注重培养学生的创新思维和实践能力，通过设计多样化的实训项目和思考题，引导学生积极参与实践操作和思考探索，提高学生的综合素质和解决问题的能力。

本书由台州科技职业学院谢祖通、颜传武任主编，台州科技职业学院沈海青、台州方圆质检有限公司阮立任副主编，参与编写的还有韩洁、张宇翔、郭荣辉、张立成。本书在编写过程中，参考引用了汽车性能与检测技术资料及相关文献，在此向相关作者表示衷心的感谢。

鉴于编者水平及实践经验的局限性，书中难免有不足之处，敬请读者批评指正。

编　者

目 录 CONTENTS

项目一

汽车检测技术的认识及汽车外观检测

【项目导入】

随着汽车技术的快速发展，汽车已经成为人们出行必备的交通工具。汽车在使用过程中，随着使用时间的延长（或行驶里程的增加），其零件逐渐磨损、腐蚀、变形、老化，以及润滑油变质等，使汽车配合副间隙变大，导致运动松旷、振动、发响和漏气、漏水、漏油等，造成汽车技术性能下降，因此必须对汽车进行定期的维护与修理，汽车检测就是为了确定汽车技术状况或工作能力的检查。随着机电测控技术的进步，特别是计算机技术的进步，汽车检测技术也飞速发展。现阶段人们能依靠各种先进的仪器设备，对汽车进行不解体检测，而且安全、迅速、可靠。

项目知识导图：

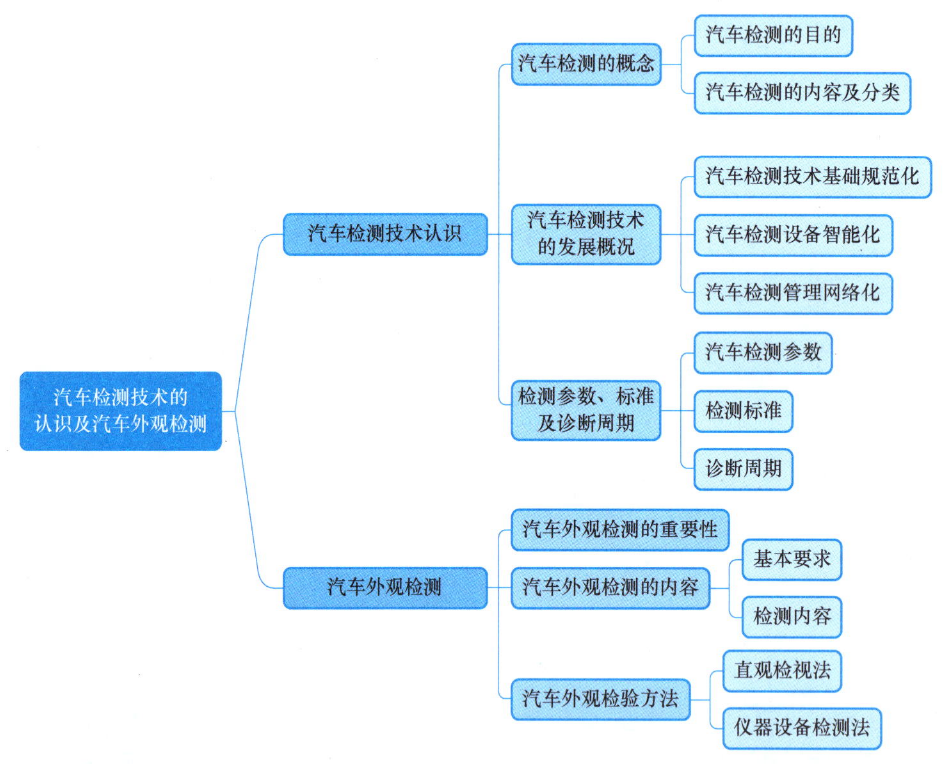

任务一　汽车检测技术认识

【任务描述】

陈先生的小汽车已经买了快 6 年了，近日收到交管部门的短信通知，需要上线年检。陈先生觉得自己家的车开得好好的，自己也都按时维护，没有任何问题，不需要做检查，也不知道要去哪里检查，对此心存疑惑，于是致电 4S 店询问。作为一名售后经理，请你结合专业知识为陈先生答疑解惑。

【任务目标】

通过本任务的学习，需要达成以下目标：

1. 熟悉汽车检测技术的概念及发展概况。
2. 熟悉汽车检测参数、标准及周期。
3. 能够正确描述汽车检测技术的概念及发展状况。
4. 能够正确解释汽车常用的检测参数、标准及诊断周期。
5. 养成良好的心理素质和克服困难的能力。
6. 具备本专业的基本职业道德。
7. 养成勇于探索、实事求是的职业素养。

【任务分析】

通过本任务的学习，可以掌握汽车检测技术的基本概念，熟悉汽车常用的检测参数、标准及周期。

要完成本学习任务，可以按照以下流程进行：

1）学习“汽车检测的概念”“汽车检测技术的发展概况”“检测参数、标准及诊断周期”等知识点。

2）熟悉 GB 7258—2017《机动车运行安全技术条件》、GB/T 17993—2017《汽车综合性能检验机构能力的通用要求》等国家标准。

3）了解客户车况、用车环境及驾驶行为习惯，做好客户用车过程中的异常情况记录。

4）向客户解释汽车检测的重要性，介绍汽车检测参数、标准及诊断周期，消除客户的疑虑。

完成本任务所需的知识详见后续知识准备中的各知识点。

【知识准备】

知识点一　汽车检测的概念

汽车检测是为了确定汽车技术状况及其工作能力而进行的检查。汽车性能检测，是通过对汽车性能进行检查、测试和分析，从而对其技术状况做出评价或判断的一项技术。

性能检测是指在汽车使用过程中，对汽车的动力性、经济性、安全性和环保性等方面进行检查测试，以便对相关的性能做出评价，对发现的问题及时做出调整，保证汽车处于良好的技术状况。性能检测是一种主动检查行为，如同健康的人去医院做体检，以便了解身体健康状况，也可以及时发现疾病隐患。

1. 汽车检测的目的

汽车检测的目的，可以归纳为以下几个方面：

（1）保证交通安全　随着交通运输事业的发展，汽车已成为人们出行的重要交通工具，但是随着汽车使用时间的延长，潜在的安全隐患，如部件磨损、松动、漏油等，这些问题都会影响车辆的行驶安全，甚至导致交通事故。由于汽车制动、转向和照明等技术原因造成的事故，在交通事故总量中的占比较高，造成的财产损失和人员伤亡也越来越多。所以，对汽车性能进行定期检查和调整，使其处于良好的技术状况，对保证交通安全是非常必要的。

（2）减少环境污染　汽车排放的尾气中含有上百种化合物，其中对人和生物直接有害的物质主要是 CO、HC（碳氢化合物的总称）、NO_x（氮氧化合物的总称）、铅化合物以及炭烟等。这些有害气体污染了大气，破坏了人类的生存环境。特别在大城市中交通拥挤、人口密集的地区，汽车排气污染更加严重，使附近居民深受其害。对汽车进行定期和不定期的运行与环境维护方面的检测，目的是建立安全和无公害的监控体系，确保车辆具有符合要求的外观、性能和符合规定的尾气排放物，使车辆在安全、高效和低污染下运行。

汽车的噪声是另一种环境污染。噪声会损害人体健康，造成听力下降。另外，车内噪声过大会影响驾驶人的正常操作，从而诱发汽车交通事故。国家通过对汽车进行定期检测的方法，严格限制汽车的废气和噪声污染。

（3）改善汽车性能　汽车使用一段时间后，动力性和经济性会降低，油耗会增加，尾气排放情况会变坏，当制动性能变差时，还会引发交通事故。所以，对汽车实行定期和不定期综合性能方面的检测，目的是确定运行车辆的技术状况，查明故障或隐患的部位及原因，既可以保持汽车经常处于良好的技术状况，改善汽车性能，还可以延长汽车的使用寿命。

2. 汽车检测的内容及分类

汽车检测是指对汽车的动力性、经济性、安全性和环保性能等方面进行检查与测试，检测内容涵盖安全环保性能检测和综合性能检测中的所有内容，主要包括汽车外观检测、汽车底盘性能检测、汽车经济性检测、汽车排放污染物检测、汽车噪声检测、汽车仪表照明系统检测等。

汽车检测大多通过机动车检测站进行。机动车检测站是受国家有关主管部门（公安或交通运输管理部门）的委托，按国家有关法律、法规和标准规定，对机动车性能进行不解体检测的场所，如图 1-1 所示。

图 1-1　机动车检测站

目前，汽车检测根据检测目的的不同可分为安全环保检测、综合性能检测、故障诊断检测三种。

（1）安全环保检测　安全环保检测是指对汽车实行定期和不定期的安全运行和环保检测。如对制动、侧滑、灯光、排放、噪声及车速表的检测，确保汽车具有符合要求的外观、良好的安全性能和规定范围内的环境污染程度，使汽车能在安全、高效和低污染状态下运行。

1）安全环保检测的几种检验功能。

① 初次检验。国家对机动车实行登记制度，机动车经公安机关交通管理部门登记后，方可上道路行驶。尚未登记的机动车，需要临时上道路行驶的，应当取得临时通行牌证。所以车主在使用汽车之前，必须首先到车辆管理部门指定的检测站对汽车做初次检验，合格之后方可办理登记申请，领取号牌、行驶证等手续。

初次检验的目的，一是保证汽车来源的合法性，二是保证汽车在技术性能方面必须符合国家有关规定的要求。目前，技术上检验的依据，主要是《机动车运行安全技术条件》（GB 7258—2017）等标准。

② 定期检验。定期检验是指在用汽车必须按照公安部门的要求，定期到指定的检测站进行安全技术方面的检验。通过定期检验，可及时发现技术上的问题。检查不合格的，必须进行调整或修理。

目前，根据《中华人民共和国道路交通安全法实施条例》第十六条规定，机动车应当从注册登记之日起，按照下列期限进行安全技术检验：

a. 营运载客汽车 5 年以内每年检验 1 次；超过 5 年的，每 6 个月检验 1 次。

b. 货车和大型、中型非营运载客汽车 10 年以内每年检验 1 次；超过 10 年的，每 6 个月检验 1 次。

c. 小型、微型非营运载客汽车 6 年以内每 2 年检验 1 次；超过 6 年的，每年检验 1 次；超过 15 年的，每 6 个月检验 1 次。

d. 摩托车 4 年以内每 2 年检验 1 次；超过 4 年的，每年检验 1 次。

e. 拖拉机和其他机动车每年检验 1 次。

f. 营运机动车在规定检验期限内经安全技术检验合格的，不再重复进行安全技术检验。

③ 临时检验。除定期检验之外，在某些情况下，汽车要做临时检查，例如：

a. 新车或改装车领取临时号牌时。

b. 机动车久置不用后，重新使用时。

c. 机动车受到严重损坏，在修复之后、上路之前。

d. 国外、境外汽车经批准在我国境内短期行驶时。

e. 车管部门规定的其他情况（如春运期间的营运车）等。

④ 特殊检验。是指在特殊情况下为特殊目的而进行的检验，例如对改装车辆、事故车辆、外事用车等进行的检验。这类检验的内容和要求往往与一般检验有所不同，例如对改装车辆，除按规定进行必要的检验外，还须检查其特殊性能（如密封性、绝热性等）。

2）安全环保检测站的检测项目。按照国家标准《机动车运行安全技术条件》的要求，主要检测以下项目：

① 外观检查。外观检查属于人工检查项目，检查的项目主要有：

a. 车辆外表，如喷漆、喷字是否完好，牌照是否符合规定等。

b. 灯光、后视镜、刮水器、喇叭、仪表等设备是否齐全有效。

c. 驾驶室及车厢的密封情况，门窗的开闭、门窗玻璃升降是否正常。

d. 转向盘、离合器、制动踏板的自由行程是否符合要求。

e. 油、水、电、气系统的泄漏情况。

f. 转向系统、制动系统和传动系统各机件是否连接牢固、转动灵活。

g. 前后桥、传动轴、车架等装置是否有明显的断裂、损伤和变形等问题。

h. 排气管、消声器、燃油箱、蓄电池、减振器、冷却风扇等的连接是否可靠等。

② 前轮侧滑量。使用侧滑试验台检查前轮侧滑量。

③ 轴重测量。轴重也叫作轴荷，即汽车某一轴的质量。轴重测量是为了配合检查制动效能而做的一个检测项目，测量轴重使用轴重仪。

④ 制动效果检查。制动检查是安全检测站最重要的检测项目之一。一般采用制动试验台检测汽车制动力。

⑤ 车速表校验。在车速表试验台上进行车速表校验。

⑥ 噪声测量。包括车内、外噪声和喇叭声级，测量噪声使用声级计。

⑦ 前照灯检验。以测量远光为主，包括前照灯的发光强度和照射方向，使用的仪器是前照灯检验仪。

⑧ 排气污染物检测。检查废气排放，也是检测站的一项重要任务。汽油车主要检测 CO、HC 和 NO_x，柴油车主要检测排气烟度。

（2）综合性能检测　综合性能检测是指对汽车实行定期和不定期综合性能方面的检测，如对汽车动力性、安全性、燃油经济性、使用可靠性、排气污染物、噪声以及整车装备状态与完整性、防雨密封性等技术性能的检测。其目的是在汽车不解体情况下，确定运输车辆的技术状况和工作能力，评定车辆的技术等级，确保运输车辆具有良好的动力性、经济性、安全性、可靠性等使用性能和减少对环境的污染程度，以创造更大的经济效益和社会效益。

按照国家标准《汽车综合性能检验机构能力的通用要求》（GB/T 17993—2017）的规定，综合性能检测站可按其职能的不同，分为 A、B 两级。

1）A 级站：能够承担汽车技术状况检测、车辆技术等级评定检测、维修质量检测和接受有关部门委托对汽车及相关项目进行检测的汽车综合性能检测站。

2）B 级站：能够承担汽车技术状况检测和维修质量检测的汽车综合性能检测站。

（3）故障诊断检测　故障诊断检测是利用各种检测仪器和设备，充分利用电子控制技术的特点，获取汽车的各种数据，并根据这些数据判断汽车的技术状况，对汽车故障做出科学、准确的诊断，使汽车的故障诊断从定性诊断发展为定量诊断。

1）汽车故障的成因。

① 自然故障。是指在正常使用和维护条件下，由于不可抗拒的原因而形成的故障。如使用过程中零件间的自然磨损、零件在长期交变载荷下产生疲劳、在外载荷及温度残余内应力下产生变形、非金属零件及电气元件老化等原因造成的故障。

② 人为故障。是指由于人的行为不慎而造成的故障。这类故障起因于汽车设计、制造、维护过程中的人为因素。

2）汽车故障的变化规律。

① 早期故障期。早期故障期相当于汽车的磨合期。因初期磨损量较大，所以故障率较高，但随行驶里程的增加而逐渐下降。

② 随机故障期或偶然故障期。在随机故障期，其故障的发生是随机性的，没有一种特定的故障在起主导作用，多由于使用不当、操作疏忽、润滑不良、维护欠佳及材料内部隐患以及工艺和结构缺陷等偶然因素所致。

③ 耗损故障期。在耗损故障期，由于零件磨损量急剧增加，大部分零件老化耗损严重，特别是大多数受交变载荷作用及易磨损的零件已经老化，因而故障率急剧上升，出现大量故障，若不及时维修，将导致汽车或总成报废。

3）汽车故障的诊断方法。

① 汽车故障的人工经验诊断。凭人的感官和经验，对故障的原因进行分析判断。

汽车故障的人工经验诊断的特点是，不需要什么仪器或其他条件，在任何场合下都可以进行。使用时，一般应先了解汽车的使用和维护情况，弄清故障特征及伴随现象，然后由简到繁，由表及里，推埋分析，做出判断。其诊断方法通常有望问法、观察法、听觉法、嗅觉法、触摸法和试验法等。

② 汽车故障的仪器设备诊断。汽车故障的仪器设备诊断是在传统的人工经验诊断的基础上随着社会的进步、科学技术的提高而逐渐发展起来的。与人工经验诊断故障的方法比较，其不同点：一是借助于仪器；二是其检查结果的定量化。

仪器设备诊断法具有检测速度快、准确性高、能定量分析、可实现快速诊断等优点，而且采用微机控制的现代电子仪器设备能自动分析、判断、存储并打印出汽车各项性能参数。其缺点是投资大、占用厂房、操作人员需要培训、检测成本高等。这种诊断方法适用于汽车检测站和中、大型维修企业。

③汽车故障的自诊断。将故障信息以故障码的形式存储，汽车维修时，利用专门的仪具和方法提取故障码，据此排除故障后再将其清除，这种汽车故障自身诊断系统又称为 OBD。

知识点二　汽车检测技术的发展概况

我国的汽车检测技术经历了从无到有，从小到大；从引进技术、检测设备，到自主研究开发推广应用；从单台设备的单一性能检测到多台设备同时工作，网络化全自动综合检测取得了很大的进步。检测设备的研制生产也得到了快速发展，逐步缩小了与世界先进国家的差距。如今，我国检测线计算机测控系统在国际上处于领先地位，汽车检测中通用的制动试验台、侧滑检验台、底盘测功机等，我国都已经可以自产自给，而且结构形式多样。

我国汽车检测技术要在汽车检测技术基础规范化、检测设备智能化和检测管理网络化等方面进行研究和发展。

1. 汽车检测技术基础规范化

1）制定和完善汽车检测项目的检测方法和限值标准，如工况法检测排气污染物、汽车制动力测试方法的多样化、驱动轮输出功率、底盘传动系统的功率损耗、发动机燃料消耗量等。

2）制定出汽车在进行不同类型的检测（如安全检测、环保检测和综合性能检测）时，技术状况检测评定细则，统一规范全国各地的检测要求和操作方法。

3）制定适用于不同类型的检测站，一些大型检测设备的形式认证规则，以保证各检测站提供的检测数据科学、准确、公开、公正。

2. 汽车检测设备智能化

汽车检测设备已大量应用光、机、电一体化技术，并采用计算机测控，有些检测设备具有专家系统和智能化功能，能对汽车技术状况进行检测，并能诊断出汽车故障发生的部位和原因，引导维修人员迅速排除故障。

汽车检测设备在采用专家系统和智能化诊断，如四轮定位检测系统、电喷发动机综合检测仪等。

3. 汽车检测管理网络化

目前，检测站的主要检测设备采用了计算机联网控制，但计算机测控方式千差万别，大多在检测站内部实现了网络化。

随着技术和管理的进步，今后汽车检测将实现真正的网络化。从检测站内部来讲，是一个功能齐全、检测流程合理、管理严密、工作效率和专业化程度较高的局域网。通过内部局域网，可以完成汽车检测自动化，汽车维修、检测管理，检测数据统计查询，检测结果告示，检测财务管理等功能。检测站与检测站之间，通过广域网可做到信息资源共享、硬件资源共享、软件资源共享。在此基础上，将全国的汽车安全检测站、汽车综合性能检测站、汽车质量保证检测线和汽车修理厂用检测线联成一个全国范围的广域网，使上级车辆管理部门可以及时了解各地区不同行业车辆的技术状况。

总之，汽车检测工作将朝着技术更先进、设备更智能、标准更科学、检测网络更发达、检测数据更准确、检测流程更合理、检测管理更完善的方向发展。

知识点三　检测参数、标准及诊断周期

检测参数是汽车检测诊断技术的重要组成部分，它是表征汽车技术状况的参数。有些结构参数可以表征汽车的技术状况，但是在不解体情况下，直接测量往往受到限制，如气缸磨损量和气缸间隙、曲轴和凸轮轴各轴颈的磨损量、各轴向间隙与磨损量等，都无法在不解体的情况下直接测量。因此，在检测与诊断汽车技术状况时，需要采用一种与结构参数有关，而又能表征技术状况的间接指标，这些指标就称为检测参数，它是表征汽车、总成、机构技术状况的参数。检测参数与结构参数紧密相关，能够反映汽车的技术状况，是一些可测的物理量或化学量。

检测参数的用途是提供一个比较尺度，如将检测结果与标准值对照后，就可以确定被检汽车是否能够继续使用或预测在给定行驶里程内汽车的工作能力。

1. 汽车检测参数

汽车检测参数包括工作过程参数、伴随过程参数和几何尺寸参数。

（1）工作过程参数　工作过程参数是汽车、总成及机构工作过程中输出的一些可供测量的物理量和化学量，例如发动机功率、驱动车轮输出功率或驱动力、汽车燃油消耗量、制动距离等，往往能表征诊断对象工作过程中总的技术状况，适合于总体诊断。

如果通过检测，底盘输出功率符合要求，说明汽车输出功率符合要求，也说明发动机技术状况和传动系统技术状况均符合要求；反之，如果通过检测，底盘输出功率不符合要求，说明发动机输出功率不足或传动系统功率损失太大，通过进一步深入检测与诊断才可确定是发动机技术状况不佳还是传动系统技术状况不佳。工作过程诊断参数是深入诊断的基础。汽车不工作时，工作过程参数无法测量。

（2）伴随过程参数　伴随过程参数是伴随汽车工作过程中输出的一些可以测量的物理量。例如振动、噪声、异响、过热等，可提供诊断对象的局部信息，常用于复杂系统的深入诊断。汽车不工作时，伴随过程参数无法测量（过热除外）。

（3）几何尺寸参数　几何尺寸参数可以提供汽车总成及机构中，配合零部件之间或者独立零件的技

术状况。例如，总成及机构中的配合间隙、自由行程、圆度、圆柱度、圆跳动等，都可以作为检测参数使用。它们提供的信息量虽然有限，却可以表征诊断对象的具体状态。

汽车常用的检测参数见表 1-1。

表 1-1　汽车常用的检测参数

检测诊断对象	检测诊断参数	检测诊断对象	检测诊断参数
汽车整体	最高车速	润滑系统	油底壳液面高度
	加速时间		机油压力
	最大爬坡度		机油温度
	驱动车轮输出功率		机油消耗量
	驱动车轮驱动力		理化性能指标变化量
	汽车燃油消耗量		清净性系数 K 的变化量
	汽车侧倾稳定角		介电常数的变化量
	CO、HC、NO、CO_2、O_2 排放量		金属微粒含量
	柴油车自由加速烟度	转向系统	转向盘自由转动量
汽油机供给系统	混合气空燃比		转向盘最大转向力
	汽油泵出口关闭压力		车轮侧滑量
	供油系统供油压力		车轮前束值
	喷油器喷油压力		车轮外倾角
	喷油器喷油量		主销后倾角
	喷油器喷油不均匀度		主销内倾角
柴油机供给系统	输油泵输油压力		传动系统游动间隙
	喷油泵高压油管最高压力		传动系统功率损耗
	喷油泵高压油管残余压力		机械传动效率
	喷油器针阀开启压力		总成工作温度
	喷油器针阀升程		转向轮最大转向角
柴油机供给系统	各缸喷油器喷油量		车辆最小转弯半径
	各缸喷油器喷油不均匀度	制动系统	制动距离
	喷油器喷雾质量		制动力
	供油提前角、喷油提前角		制动减速度
发动机总成	额定转速、急速转速		驻车制动力
	发动机功率		制动拖滞力
	发动机燃油消耗量		制动时间
	单缸断火（油）转速下降值		制动系统协调时间
	排气温度		制动完全释放时间
曲柄连杆机构	气缸压缩压力		制动液面高度
	气缸漏气量、气缸漏气率	行驶系统	车轮静不平衡量、车轮动不平衡量
	曲轴箱漏气量		车轮轴向圆跳动量
	进气管真空度		车轮径向圆跳动量
配气机构	气门间隙		轮胎花纹深度
	配气相位		轮胎气压
冷却系统	冷却液液面高度	其他	前照灯发光强度
	冷却液温度		前照灯光束照射位置
	风扇传动带预紧度		车速表误差值
	风扇离合器离合温度		喇叭声级
	风扇开启及关闭温度		驾驶人耳旁噪声
			客车车内噪声

2. 检测标准

为了定量地评价汽车、总成及机构的技术状况，确定维修的范围和深度，单有检测参数是不够的，还必须建立检测参数标准，提供一个比较尺度。因此，在检测到检测参数值后，与检测参数标准对照，即可确定汽车是否能够继续运行还是需要维修。

汽车检测参数标准的制定，既要有利于汽车技术状况的提高，还要以经济为基础。如果标准制定严格，汽车的整体技术状况必定能够提高，但是维护和修理费用也会相应提高；反之，若标准制定宽松，维护与修理费用下降，但是整体技术状况也下降。

与其他标准一样，汽车检测参数标准可分为国际标准、国家标准、行业标准、地方标准和企业标准。

（1）国际标准　国际标准是由国际某区域或国家的汽车组织制定的相关国际通用标准。

（2）国家标准　国家标准是国家制定的标准，一般由某行业部委提出，由国家技术监督局发布，全国各级有关单位及个人都必须执行，具有强制性和权威性。如 GB 18285—2018《汽油车污染物排放限值及测量方法（双怠速法及简易工况法）》、GB 3847—2018《柴油车污染物排放限值及测量方法（自由加速法及加载减速法）》和 GB 7258—2017《机动车运行安全技术条件》等。

（3）行业标准　行业标准是指对没有国家标准而又需要在全国某个行业范围内统一的技术要求所制定的标准。行业标准不得与有关国家标准相抵触，有关行业标准之间应保持协调、统一，不得重复。行业标准在相应的国家标准实施后，即行废止。

（4）地方标准　地方标准是省级、市地级、市县级制定并发布的标准，在地方范围内贯彻执行，也在一定范围内具有强制性和权威性，有关单位及个人必须贯彻执行。省、市地、市县三级除贯彻执行上级标准外，可根据本地具体情况制定地方标准或率先制定上级没有制定的标准。地方标准中的限值可能比上级标准中的限值要求还要严格。

（5）企业标准　企业标准包括汽车制造厂推荐的标准、汽车运输企业和汽车维修企业内部制定的标准、检测仪器设备制造厂推荐的参考性能标准三种类型。

3. 诊断周期

诊断周期是指两次诊断之间汽车的行驶里程。所谓最佳诊断期指在这样的诊断周期下，汽车的技术完好率最高而消耗费用最少。最佳诊断周期受到以下条件影响：

1）汽车技术状况。汽车新旧程度不一、行驶里程不一、技术状况等级不一，甚至还存在使用性能、结构特点、故障规律、配件质量不一等情况，显然其最佳诊断周期也不相同。

2）汽车使用条件。包括气候条件、道路条件、装载条件、驾驶技术、是否拖挂、燃润料质量等条件。

3）费用。包括诊断检测、维护修理、停驶损耗等费用。

【任务实施】

任务导入

结合任务描述中的情景，向陈先生解释汽车检测的重要性，介绍汽车检测参数、标准及周期，消除他的疑虑。建议按以下行动过程来完成任务：

步骤一：了解客户车况、用车环境及驾驶行为习惯。

步骤二：记录客户用车过程中有无异常情况发生。

步骤三：向客户解释汽车检测的重要性，介绍汽车检测参数、标准及周期，消除客户的疑虑。

汽车检测技术认识记录表见表 1-2。

表 1-2　汽车检测技术认识记录表

客户基本信息				
姓名	性别	驾龄	联系方式	备注
客户车况、用车环境及驾驶行为习惯				
用车过程中的异常情况记录				
客户问题解答记录				

步骤四：评价工作成果与学习成果。

此步骤是在资料的汇总与整理基础上进行任务总结，可以尝试回答以下问题：

1. 你设定的目标是否达成？
2. 客户是否认可你的解释，并接受你的建议？
3. 你认为还需掌握哪些知识？

任务评价

评价表见表 1-3。

表 1-3　评价表

评分项	评分子项目	评分细则	自我评价	小组评价	教师评价
纪律 （5 分）	1）不迟到 2）不早退 3）学习用品准备齐全 4）积极参与课程问题思考和回答 5）积极参与教学活动	未完成 1 项扣 1 分，扣分不得超过 5 分			
职业素养 （15 分）	1）勇于探索，实事求是 2）积极与他人合作 3）积极帮助他人 4）遵守礼仪礼节 5）做事态度严谨、认真 6）具备劳动精神，能主动做到场地的 6S 管理	未完成 1 项扣 5 分，扣分不得超过 15 分			

（续）

评分项	评分子项目	评分细则	自我评价	小组评价	教师评价
专业技能（40分）	1）熟悉汽车检测技术的概念、发展状况及检测参数 2）熟悉汽车检测参数、标准及周期 3）能够正确描述汽车检测技术的概念 4）能够正确解释汽车检测参数、标准及周期	未完成1项扣10分，扣分不得超过40分			
工具及设备的使用（20分）	1）能正确使用 iPad、计算机上的一些图片处理和视频拍摄软件 2）能正确使用谈判桌等场地工具	未完成1项扣10分，扣分不得超过20分			
任务工单填写（20分）	1）字迹清晰 2）语句通顺 3）无错别字 4）无涂改 5）无抄袭 6）内容完整 7）回答准确 8）有独到的见解	未完成1项扣5分，扣分不得超过20分			

【知识自测】

1. 填空题

1）汽车检测根据检测目的的不同可分为________、________、________三种。

2）汽车检测参数包括________、________和________。

3）汽车检测参数标准可分为________、________、________、________和________。

2. 简答题

1）车辆进行性能检测的目的是什么？

2）汽车检测站有哪几种类型？

3）目前车辆检测涉及哪些相关标准？

4）检测诊断参数有哪几种类型？

5）选择诊断参数的标准是什么？

6）综合检测站的检测项目有哪些？

7）试述汽车检测的流程。

【拓展提升】

阅读 GB 7258—2017《机动车运行安全技术条件》、GB/T 17993—2017《汽车综合性能检验机构能力的通用要求》、GB 18285—2018《汽油车污染物排放限值及测量方法（双怠速法及简易工况法）》、GB 3847—2018《柴油车污染物排放限值及测量方法（自由加速法及加载减速法）》等，掌握相关重要的指标。

任务二　汽车外观检测

【任务描述】

陈先生的小汽车已经买了快6年了，近日收到交管部门的短信通知，需要上线年检。但是陈先生发现汽车的保险杠以及侧面都有些剐蹭痕迹，由于没有及时修理，担心会影响汽车年检的结果，于是致电4S店询问，是否需要提前修理。作为一名售后经理，请你结合专业知识为陈先生答疑解惑。

【任务目标】

通过本任务的学习，需要达成以下目标：

1. 掌握汽车外观检测的内容，熟悉检测方法。
2. 能够理解汽车外观检测的重要性。
3. 能够正确描述汽车外观检测的内容及方法。
4. 养成良好的心理素质和克服困难的能力。
5. 具备本专业的基本职业道德。
6. 养成勇于探索、实事求是的职业素养。

【任务分析】

通过本任务的学习，可以了解汽车外观检测的内容，理解汽车外观检测的重要性，并熟悉检测方法。

要完成本学习任务，可以按照以下流程进行：

1）学习“汽车外观检测的重要性”“汽车外观检测的内容”“汽车外观检验方法”等知识点。

2）分析 GB 7258—2017《机动车运行安全技术条件》和 GB 38900—2020《机动车安全技术检验项目和方法》等国家标准，了解车辆外观检验项目及内容。

3）了解客户用车环境及驾驶行为习惯，记录客户车辆的外观检查状况。

4）给出维修意见，消除客户的疑虑。

完成本任务所需的知识详见后续知识准备中的各知识点。

【知识准备】

知识点一　汽车外观检测的重要性

外观检测工作是车辆进入台试检测的第一项工作，是汽车不解体检测的重要组成部分，它涉及整车和总成各个部分。外观检测点分布在车辆上、下、左、右、前、后、内、外各部位，几乎包括了车辆结构的全部，涉及安全的各部位。因此，外观检测一直是汽车检测的重要工作。图 1-2 所示为乘用车常规的外观检测点分布图。

图 1-2　乘用车常规的外观检测点分布图

外观检测的重要性体现在以下几点：

1）汽车检测作为保障安全运行、保护环境、节约能源、促进公路运输事业发展的重要手段，是政府的强制措施。汽车进行检测前，应首先对车辆的唯一性进行确认，要核对行驶证、营运证，要核对外廓尺寸，要严查私自改装、套牌和拼装车。车辆唯一性确认后，才可以上线检测。唯一性的确认由外观检测人员逐一核对检视后，才能确定。

2）部分车辆由于使用不当或维护不到位，可能存在严重的安全隐患，如发动机严重漏油、漏液，制动严重失灵，转向不灵等。对于这类车辆，若不加控制、盲目上线，一旦在检测线上失控，不但会影响正常的检测秩序，严重时还会造成事故，损坏车辆和检测设备。因此，被检测车辆必须经外观检测合格后才可以上线。通过外观检测，可防范有隐患的车辆在检测线上发生故障，确保检测秩序。

3）台试检测对车辆的技术状况提出了许多具体的定量要求，如左右轮胎规格、花纹不一致，制动偏差值就可能大；若轮胎气压不足，则检测侧滑、车速、灯光等项目时就会不准；轮胎破损对底盘测功的准确性影响很大。为了确保检测质量，应该对影响台试检测数据准确性的汽车总成和部件进行重点检视，为后面的台试检测做好准备工作。

4）通过外观检测，既能查出事故隐患，又能保证后续台试检测质量。外观检测的人工检视和台试检验是综合性能检测工作整体的两个方面，两者是互相补充、相互完善的关系。只有抓好外观检测工作才能更有利于检测工作全面、深入、健康地开展。

知识点二　汽车外观检测的内容

在机动车检测站进行外观检测时，应设有专用的机动车外观检验区，如图 1-3 所示。

图 1-3　外观检验区

1. 基本要求

1）车辆应清洁，无滴漏油（液）、漏电现象，轮胎完好，轮胎气压正常且胎冠花纹中无异物，发动机运转平稳，怠速稳定，无异响。

2）车辆不应有与 ABS（制动防抱死系统）、EPS（电动助力转向系统）及其他与行车安全相关的故障信息。

3）纯电动汽车、插电式混合动力（含增程式）汽车、燃料电池汽车不应有与电驱动系统、高压绝缘、动力蓄电池等有关的报警信号。

4）组成汽车列车的牵引车的准牵引总质量应大于或等于挂车总质量，组成乘用车列车的乘用车在设计和制造上应具有牵引功能。

5）集装箱车、集装箱运输半挂车不应载有集装箱，货车不应装载货物。

对达不到以上基本要求的送检机动车，对机动车进行安全技术检验的机构应书面告知送检人整改，符合要求后再进行安全技术检验。

在用机动车安全检验时，应提供送检机动车有效的机动车交通事故责任强制保险凭证（挂车以及实现电子保单、保险信息联网核查的除外）和机动车行驶证。

安全技术检验时应先进行联网查询、车辆唯一性检查，确认车辆无异常情形后按检验流程开展检验。

送检车辆在进行外观检视之前，必须先进行外部清洗和吹干。因为车身及底盘积有油泥和污垢，将影响外观检视的质量，也不便于安装检测仪具，同时还会弄脏检测设备和场地。

2. 检测内容

送检机动车应停放在指定位置，发动机停转（“发动机运转状况”项目除外）。

根据 GB 7258—2017《机动车运行安全技术条件》和 GB 38900—2020《机动车安全技术检验项目和方法》国家标准，车辆外观检验项目主要有：

1）车身外观。

2）外观标志、标注和标牌。

3）外部照明和信号装置。

4）轮胎。

5）号牌 / 号牌板（架）。

6）加装 / 改装灯具。

汽车外观检验项目及方法见表 1-4。

表 1-4 汽车外观检验项目及方法

检验项目	检验方法
车身外观*	目视检查。对于封闭式货厢的货车和挂车应打开车厢门检查。对于客车和货车，操作检查前风窗玻璃刮水器。目测车窗玻璃可见光透射比、车身尺寸等参数有疑问时，使用透光率计、钢直尺、钢卷尺等工具测量相关参数。对于大型客车、重中型货车、重中型载货专项作业车、重中型挂车，在平整场地上使用钢直尺，在距地 1.5m 高度内，测量第一轴和最后轴（对挂车仅测最后轴）上方的车身两侧对称部位的高度
外观标志、标注和标牌*	目视检查。目测字高偏小时，使用长度测量工具测量相关尺寸
外部照明和信号装置	目视检查并操作
轮胎*	目视检查。目测胎压不正常时，使用轮胎气压表测量相关参数。检查轮胎花纹深度时，对于大型客车、重中型货车、重中型载货专项作业车、危险货物运输车的转向轮使用轮胎花纹深度计测量；对于大型客车、重中型货车、重中型载货专项作业车的其余轮胎以及其他车型的轮胎检验时，目测轮胎胎冠花纹深度偏小的，使用轮胎花纹深度计测量；有条件时可使用轮胎花纹深度自动测量装置
号牌 / 号牌板（架）*	目视检查。目测号牌安装位置、形式，有疑问时使用长度测量工具测量相关尺寸
加装 / 改装灯具	目视检查

所有检验项目应一次检验完毕，出现不合格项时应继续进行其他项目的检验，但不适宜继续进行检验的项目除外。

不合格项目复检时应再次确认车辆识别代号。

对汽车进行仪器设备检验时，除检验员外可再乘坐一名送检人员或随车人员。

半挂牵引车可与半挂车组合成铰接列车后同时实施检验，也可单独检验。

小型、微型载客汽车的车辆底盘部件检查时，对于不具备地沟条件的，可采用其他能观察到车辆底盘部件的方式。

检验检测时，带“*”的项目应采用符合标准的机动车检验 PDA 等设备拍摄检验照片（或视频），其数量、内容和清晰度应能满足 GA 1186—2014 的要求，但在用机动车安全检验时发现打刻（或铸出）的发动机号码 / 驱动电机号码不易见，且易见部位或覆盖件上的发动机 / 驱动电机标志缺失无法拍摄的，应记录在检验表中；对于 2018 年 1 月 1 日起出厂的总质量大于或等于 12000kg 的栏板式、仓栅式、自卸式、罐式货车及总质量大于或等于 10000kg 的栏板式、仓栅式、自卸式、罐式挂车，应拍摄货箱或常压罐体（或设计和制造上固定在货箱或常压罐体上且用于与车架连接的结构件）上打刻的车辆识别代号照片。

因更换发动机申请变更登记前进行安全技术检验时，应当确认并记录变更之后的发动机型号和出厂编号。

以家庭自用汽车为例，具体要求节选如下：

（1）车身外观　注册登记安全检验和在用机动车安全检验时，车身外观应满足以下要求：

1）车身前部外表面的易见部位上应至少装置一个能永久保持，且与车辆品牌 / 型号相适应的商标或厂标，在用机动车不应变更商标或厂标。

2）保险杠、后视镜、下视镜等部件应完好，灯具不应破损和缺失。

3）车窗玻璃应齐全，驾驶人视区部位应无裂纹和破损，所有车窗玻璃不应张贴镜面反光遮阳膜。

4）车体应周正，车体外缘左右对称部位高度差应小于或等于 40mm。

5）车身外部不应有明显的镜面反光现象（局部区域使用镀铬、不锈钢装饰件的除外），不应有任何可能触及行人、骑自行车人等交通参与者的外部构件，不应有可能使人致伤的尖角和锐边等凸起物。

6）车身（车厢）及其漆面不应有超过三处的轻微开裂、锈蚀和明显变形。

7）喷涂、粘贴的标志或车身广告不应影响安全驾驶。

新能源汽车注册登记安全检验和在用机动车安全检验时，车辆还应满足以下要求：

1）插电式混合动力汽车、纯电动汽车（换电式除外）应具有外接充电接口，且充电接口表面不应有明显变形或烧蚀痕迹。

2）目视检查可见区域内，高低压线束、插接器不应有断裂、破损、表面材料溶解或烧蚀痕迹；2018 年 1 月 1 日起出厂的纯电动汽车、插电式混合动力汽车，目视检查可见区域内 B 级电压电路中的 REESS 应用符合规定的警告标记予以标志。

3）纯电动汽车、插电式混合动力汽车的 REESS 外壳不应有裂纹、外伤或电解液泄漏等情形。

（2）外观标志、标注和标牌　注册登记安全检验和在用机动车安全检验时，对应不同车辆类型和使用性质的车辆（如货车、客车、专用校车、教练车、消防车、救护车、工程救险车、警车、残疾人专用汽车、气体燃料汽车、两用燃料汽车和双燃料汽车等）外观标志、标注和标牌应满足对应的不同要求。注册登记安全检验时，产品标牌还应满足以下要求：

1）标牌应固定可靠、标注的内容应清晰规范，并符合 GB 7258—2017 的规定。

2）纯电动汽车、插电式混合动力汽车应标明主驱动电机型号和峰值功率、动力蓄电池系统额定电压和额定容量（安时数），燃料电池汽车应标明储氢容器形式、容积和工作压力。

3）采用气压制动的汽车，应在产品标牌（或车辆易见部位上设置的其他能永久保持的标志）上清晰标示制动响应时间。

4）采用气压制动的汽车，应在产品标牌（或车辆易见部位上设置的其他能永久保持的标志）上清晰标示储气筒额定工作气压的数值。

（3）外部照明和信号装置　注册登记安全检验和在用机动车安全检验时，外部照明和信号装置应满足以下要求：

1）前照灯、前位灯、前转向信号灯、前部危险警告信号灯、示廓灯和牵引杆挂车标志灯等前部照明和信号装置应齐全，工作应正常；前照灯的远、近光光束变换功能应正常，远光照射位置不应出现异常偏高现象。

2）后位灯、后转向信号灯、后部危险警告信号灯、示廓灯、制动灯、后雾灯、后牌照灯、倒车灯、后反射器应齐全，工作应正常；制动灯的发光强度应明显大于后位灯的发光强度。

3）侧转向信号灯、安装的侧标志灯和侧反射器应齐全，工作应正常。

4）对称设置、功能相同灯具的光色和亮度不应有明显差异。

5）除转向信号灯、危险警告信号灯、紧急制动信号灯、校车标志灯，扫路车、护栏清洗车等专项作业车在作业状态下的指示灯具，以及消防车、救护车、工程救险车和警车安装使用的标志灯具外，其他外部灯具不应具有闪烁的功能。

6）机动车不应安装或粘贴遮挡外部照明和信号装置透光面的护网、防护罩等装置（设计和制造上带有护网、防护罩且配光性能符合要求的灯具除外）。

7）机动车设置的喇叭应能有效发声；教练车（三轮汽车除外）还应设置辅助喇叭开关，其工作应可靠。

8）2019 年 1 月 1 日起出厂的总质量大于或等于 12000kg 的货车，应装备车辆右转弯音响提示装置，并在设计和制造上保证驾驶人不能关闭车辆右转弯音响提示装置。

9）目视可见的电器导线应布置整齐、捆扎成束、固定卡紧，并无破损现象。

（4）轮胎　注册登记安全检验和在用机动车安全检验时，轮胎应满足以下要求：

1）同轴两侧应装用同一型号、规格和花纹的轮胎，轮胎螺栓、半轴螺栓应齐全、紧固；轮胎规格应与机动车产品公告和机动车出厂合格证（在用机动车安全检验时为机动车登记信息）相符。

2）轮胎的胎面、胎壁不应有长度超过 25mm 或深度足以暴露出轮胎帘布层的破裂和割伤及其他影响使用的缺损、异常磨损和变形，轮胎不应有不规则磨损。

3）不应出现“螺栓、螺母和螺柱缺失或未扣紧”“螺柱孔出现严重磨损”“车轮法兰断裂、轮胎锁环断裂或末端互相接触”“轮毂损毁或破裂”等情形。

（5）号牌 / 号牌板（架）　注册登记安全检验时，号牌板（架）应满足以下要求：

1）车辆应设置能够满足号牌安装要求的前、后号牌板（架），但摩托车只需设置有能满足号牌安装要求的后号牌板（架）。前号牌板（架）应设于前面的中部或右侧（按机动车前进方向），后号牌板（架）应设于后面的中部或左侧。

2）2013 年 3 月 1 日起出厂的车辆，每面号牌板（架）上应至少设有两个号牌安装孔，且能保证用 M6 规格的螺栓将号牌直接牢固可靠地安装在车辆上。

3）2016 年 3 月 1 日起出厂的车辆，每面号牌板（架）［三轮汽车前号牌板（架）、摩托车后号牌板（架）除外］上应设有四个号牌安装孔，且能保证用 M6 规格的螺栓将号牌直接牢固可靠地安装在车辆上。

4）号牌板（架）应保证安装的号牌始终处于规定的位置，应不能翻转和移动。

在用机动车安全检验时，号牌及号牌安装应满足以下要求：

1）机动车号牌字符、颜色和安装等应符合 GA 36 的规定，机动车号牌专用固封装置应符合 GA/T 8042024 的规定。

2）机动车号牌应齐全，表面应清晰、整齐、平滑、光洁、着色均匀，不应有明显的皱纹、气泡、颗粒杂质等缺陷或损伤。

3）机动车应使用机动车号牌专用固封装置固定号牌，固封装置应齐全、安装牢固。

4）使用号牌架辅助安装时，号牌架内侧边缘距离机动车登记编号字符边缘应大于 5mm，不应使用可拆卸号牌架和可翻转号牌架。

5）不应出现影响号牌正常视认的加装和改装等情形。

（6）加装 / 改装灯具　注册登记安全检验和在用机动车安全检验时，外部照明和信号装置不得改装，车辆不应有后射灯，也不应加装强制性标准以外的外部照明和信号装置。

知识点三　汽车外观检验方法

1. 直观检视法

直观检视法是汽车检验人员凭实践和一定的理论知识，借助简单工具，用眼看、耳听、手摸和鼻闻等手段，对汽车技术状况进行定性分析、判断的一种方法。例如，车辆外部损伤，漏液、渗油、漏气，螺栓或铆钉松动、脱落，零部件的磨损、裂纹、变形等故障。

2. 仪器设备检测法

直观检视法简单方便，不需要专用仪器或设备，但它不能进行定量分析。因此，对于一些有明确量的规定的检查项目，则须采用一些仪器和设备进行客观物理量的检测。

采用仪器设备检测法，可测试汽车性能和故障的参数、曲线或波形，甚至能自动分析、判断汽车的技术状况，做出定量的分析。

【任务实施】

任务导入

结合任务描述中的情景，了解客户车况，分析陈先生的汽车是否影响汽车检测结果，给出维修意见，消除客户的疑虑。建议按以下行动过程来完成任务：

步骤一：了解客户车况、用车环境及驾驶行为习惯。

步骤二：记录客户车辆的外观检查状况。

步骤三：给出维修意见，消除客户的疑虑。

汽车外观检验记录表见表 1-5。

表 1-5　汽车外观检验记录表

客户基本信息				
姓名	性别	驾龄	联系方式	备注
客户车况、用车环境及驾驶行为习惯				
车辆的外观检查状况记录				
维修意见				

步骤四：评价工作成果与学习成果。

此步骤是在资料的汇总与整理基础上进行任务总结，可以尝试回答以下问题：

1. 你设定的目标是否达成？
2. 客户是否认可你的解释，并接受你的建议？
3. 你认为还需掌握哪些知识？

任务评价

评价表见表 1-6。

表 1-6 评价表

评分项	评分子项目	评分细则	自我评价	小组评价	教师评价
纪律 （5 分）	1）不迟到 2）不早退 3）学习用品准备齐全 4）积极参与课程问题思考和回答 5）积极参与教学活动	未完成 1 项扣 1 分，扣分不得超过 5 分			
职业素养 （15 分）	1）具备诚实、敬业的品质 2）勇于探索，实事求是 3）积极与他人合作 4）积极帮助他人 5）遵守礼仪礼节 6）做事态度严谨、认真 7）具备劳动精神，能主动做到场地的 6S 管理	未完成 1 项扣 5 分，扣分不得超过 15 分			
专业技能 （40 分）	1）掌握汽车外观检测的内容 2）熟悉汽车外观检测的方法 3）能够正确向客户解释汽车检测的重要性，消除客户的疑虑 4）能够根据外观检测结果，给出相应的维修意见	未完成 1 项扣 10 分，扣分不得超过 40 分			
工具及设备的使用 （20 分）	1）能正确使用 iPad、计算机上的一些图片处理和视频拍摄软件 2）能正确使用谈判桌等场地工具	未完成 1 项扣 10 分，扣分不得超过 20 分			
任务工单填写 （20 分）	1）字迹清晰 2）语句通顺 3）无错别字 4）无涂改 5）无抄袭 6）内容完整 7）回答准确 8）有独到的见解	未完成 1 项扣 5 分，扣分不得超过 20 分			

【知识自测】

1. 填空题

1）在用机动车安全检验时，应提供送检机动车的________和________。

2）安全技术检验时应先进行________、________，确认车辆无异常情形后按检验流程开展检验。

3）汽车外观检测方法有________和________。

2. 简答题

1）简述车辆外观检测的重要性。

2）车辆外观检验主要项目有哪些？

3）如何测量、计算、判定车辆左右对称高度差及轴距差？

3. 判断题

1）空载高为 3.0m 以上的车辆均应安装示廓灯。（　　）

2）轿车和挂车轮胎胎冠上花纹的深度不得小于 1.6mm。（　　）

3）卧铺客车的每个铺位均应安装两点式汽车安全带。（　　）

【拓展提升】

阅读 GB 7258—2017《机动车运行安全技术条件》、GB 38900—2020《机动车安全技术检验项目和方法》，熟悉相关技术标准。

项目二

汽车底盘性能检测

【项目导入】

汽车底盘由传动系统、行驶系统、转向系统和制动系统四部分组成。底盘的作用是支承、安装汽车发动机及其各部件、总成，形成汽车的整体造型，并接收发动机的动力，使汽车运动，保证汽车正常行驶。汽车底盘的性能是衡量一辆汽车整体质量的关键因素，它决定了汽车的驾驶体验和安全性，需要综合考虑多个方面的性能指标和技术细节。

为了更好地完成教学目标，达成教学效果，本项目针对不同部件的性能设计了五个典型的工作任务。

项目知识导图：

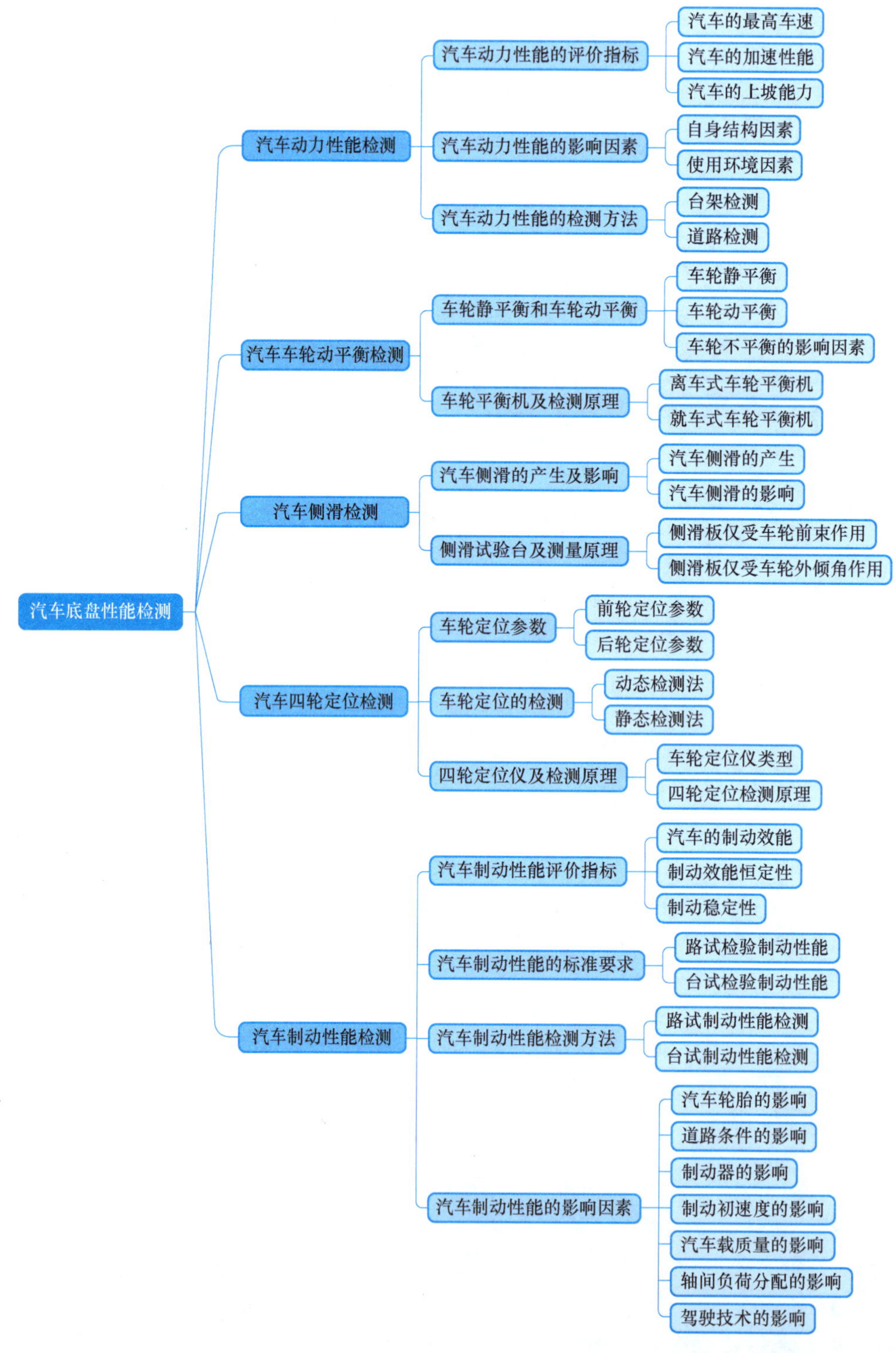

任务一　汽车动力性能检测

【任务描述】

陈先生到4S店进行车辆维护，向接待人员反映最近感觉他的汽车动力不足，踩加速踏板的时候汽车加速缓慢，希望4S店查找原因，并给出合理的解决方案。作为一名售后经理，请你结合专业知识为陈先生的车辆进行相关检查，并分析汽车动力不足的可能原因，给出合理的解决方案。

【任务目标】

通过本任务的学习，需要达成以下目标：

1. 掌握汽车动力性能评价指标，以及影响汽车动力性能的因素。
2. 能够正确描述汽车动力性能的评价指标。
3. 能够正确解释影响汽车动力性能的因素。
4. 了解汽车动力性能的台架检测方法。
5. 了解汽车动力性能的道路检测方法。
6. 养成良好的心理素质和克服困难的能力。
7. 养成勇于探索、实事求是的职业素养。
8. 培养大国工匠精神，做到精益求精，追求极致。

【任务分析】

通过本任务的学习，可以掌握汽车动力性能评价指标，以及影响汽车动力性能的因素。

要完成本学习任务，可以按照以下流程进行：

1）学习“汽车动力性能的评价指标”“汽车动力性能的影响因素”“汽车动力性能的检测方法”等知识点。

2）熟悉GB 7258—2017《机动车运行安全技术条件》、GB/T 15746—2011《汽车修理质量检查评定方法》等国家标准，及相对应的检测标准，了解汽车动力性能的检测方法和检测设备。

3）了解客户用车环境及驾驶行为习惯，分析汽车动力不足的可能原因。

4）解答客户疑问，给出合理建议，消除客户的疑虑。

完成本任务所需的知识详见后续知识准备中的各知识点。

【知识准备】

知识点一　汽车动力性能的评价指标

汽车动力性能是表示汽车在行驶中能达到的最高车速、最大加速能力和最大爬坡能力，是汽车各种性能中最基本、最重要的一种性能，它直接影响汽车的平均技术速度。随着我国高等级公路里程的延长、公路路况与汽车性能的改善，汽车的行驶速度越来越高。汽车行驶的平均技术速度越高，汽车的运输生产率就越高。但在用汽车随着使用时间的延长，其动力性能会逐渐下降，如果不能达到高速行驶的要求，则不仅会降低汽车应有的运输效率及公路应有的通行能力，而且会成为交通事故、交通堵塞的潜在因素。因此，对在用汽车动力性能的检测越来越受到重视。

汽车的平均行驶速度是汽车动力性能的总指标。从尽可能获得高的平均行驶速度的观点出发，汽车的动力性能主要由三方面的指标来评定，即最高车速、加速性能和上坡能力。

1. 汽车的最高车速

最高车速是指汽车以额定最大总质量，在风速≤3m/s的条件下，在干燥、清洁、平直良好路面（混凝土或沥青）上所能达到的最高稳定行驶速度，它对长途运输车辆的平均行驶速度的影响最大。

这里要特别指出，通常发动机的最大功率越大，汽车的最高车速就越高。汽车最高车速是汽车能够连续稳定行驶时的最高车速，而不是瞬时达到的最高车速。通常情况下，一般的轿车最高车速为200~260km/h，客车的最高车速为90~130km/h，货车的最高车速为80~110km/h。图2-1所示为某款汽车的仪表盘，表盘上显示了该车的最高可达车速为260km/h。

图 2-1 某款汽车的仪表盘

2. 汽车的加速性能

汽车的加速性能是指汽车在各种使用条件下迅速增加行驶速度的能力。它对市区运输车辆的平均行驶速度有很大影响，特别是轿车对于加速能力尤其重视。加速性能在理论上用加速度来评定，而在实际试验中通常用汽车加速时间来评价。

加速时间是指汽车以额定最大总质量，在风速≤3m/s的条件下，在干燥、清洁、平直良好路面（混凝土或沥青）上由某一低速加速到某一高速所需的时间。常用原地起步加速时间和超车所需加速时间来表明汽车的加速能力。

原地起步加速时间指汽车由一档或二档起步，并以最大的加速强度（包括选择恰当的换档时间）逐步换至最高档后到某一预定的距离或车速所需的时间。

超车所需加速时间指用最高档或次高档由某一低速全力加速到某一高速所需的时间。因为，超车时汽车与被超车辆并行，容易发生安全事故，所以超车加速能力强，并行距离短，行驶就安全。

3. 汽车的上坡能力

汽车的上坡能力对于在山区行驶车辆的平均行驶速度有很大的影响，通常用最大爬坡度来表示。最大爬坡度是指汽车满载时用变速器最低档位在风速≤3m/s的条件下，在干燥、清洁良好路面（混凝土或沥青）上以等速行驶所能克服的最大道路纵向坡度。在坡度不长的道路上，利用汽车加速惯性能通过的坡度称为极限坡度。在各种车辆中，越野车的最大爬坡度最大，货车次之，轿车一般不强调爬坡度。

知识点二 汽车动力性能的影响因素

为了提高汽车的动力性，使汽车具有合理的动力性参数，必须对影响汽车动力性的各种因素进行分析。而实际工程中，通常从汽车自身结构和使用环境两方面进行考量。

1. 自身结构因素

（1）发动机参数的影响　通常来说，发动机的最大功率、最大转矩及外特性曲线的形状对汽车的动力性影响最大。在附着条件允许的前提下，发动机功率和转矩越大，汽车的动力性就越好。但是为了提升汽车动力性，过多偏重增加发动机功率也是不合理的。

一方面，发动机功率过大，会导致发动机尺寸、质量、制造成本增加和常用工况下发动机负荷率太低，不利于降低汽车的整车质量、整车成本和提高汽车的燃油经济性。另一方面，从前面分析汽车行驶的驱动、附着条件可知，汽车驱动力的提高受到道路附着条件的制约，不能无限制地增大，所以过分地增大发动机功率和转矩对汽车的动力性是无益的。

这里要特别指出一个名词，比功率。比功率（单位：kW/t）是衡量汽车动力性能的一个综合指标，具体是指汽车发动机最大功率与汽车总质量之比。通常来讲，对于同类型汽车而言，比功率越大，汽车的动力性就越好。

（2）主减速器传动比的影响　传动系统总传动比是传动系统各部件传动比的乘积。传动比的选择应使发动机发出最大功率时车速小于或等于汽车最高车速。货车的传动比稍大，最高车速虽稍有下降，但后备功率增大较多，有利于加速和上坡。赛车的传动比正好使最大功率车速与最高车速相等。

为了保证汽车在最小传动比档位上具备的上坡、加速能力，传动比的选择应使汽车在最高档上有足够大的最大动力因数，以保证汽车以最高档行驶于普通路面。

传动系统最小传动比的选择还应考虑对燃油经济性的影响。

（3）变速器传动比的影响　变速器一档传动比对汽车动力性的影响最大。对于普通汽车来说，变速器一档传动比与主减速器传动比的乘积，决定了传动系统的最大传动比。若一档传动比增大，则一档最大动力因数增大，它应能保证汽车的最大爬坡度。

一档最大动力因数应在附着条件的限制以内，这样汽车的动力性才能充分发挥。一档传动比还要保证汽车的最低稳定车速。特别是越野汽车，一档传动比应保证汽车能在极低速下稳定行驶，以免松软地面的土壤受到冲击破坏而使附着力减小。

另外，变速器档位数增加时，发动机在接近最大功率工况下工作的机会增加，发动机的平均功率利用率增大。

（4）空气阻力与轮胎的影响　空气阻力在汽车低速时，对汽车动力性影响较小；汽车高速行驶时，空气阻力在汽车行驶阻力中占很大比重，对汽车动力性影响较大。改善汽车流线型，减小空气阻力，对高速行驶的汽车十分有益。

目前，在良好水平路面上行驶的汽车，轮胎半径有减小的趋势。汽车在良好水平路面上行驶时，附着力较大，允许用小直径的轮胎，这样可以得到较大的驱动力。车速的提高可以用减小主减速器传动比的方法来解决。轮胎尺寸和主减速器传动比的减小，使汽车质心高度降低，提高了汽车行驶的稳定性，有利于汽车的高速行驶。在松软路面上行驶的汽车，车速不高，要求轮胎半径大些，主要是为了增大附着系数。

2. 使用环境因素

（1）发动机技术状况　发动机技术状况不良，则其功率和转矩下降，汽车动力性下降。

（2）汽车底盘技术状况　汽车传动系统各传动元件的松紧与润滑，前轮定位的调整、轮胎气压、制动性能的好坏、离合器的调整、传动系统润滑油的质量等都直接影响汽车的动力性。

（3）驾驶技术　熟练地驾驶，适时和迅速地换档及正确选择档位等，对发挥和利用汽车动力性有很大影响。

（4）汽车行驶条件　长时间在高温条件下工作，发动机过热，功率下降，使汽车动力性下降。高原地区行驶，由于充气量与压缩压力下降，功率下降，也导致汽车动力性下降。坏路或土路上行驶，不仅滚动阻力增大，更主要的是附着系数减小，使汽车动力性大大下降。

（5）汽车质量的影响　除空气阻力外，其他行驶阻力都与汽车质量成正比。动力因数与汽车质量成反比。汽车质量增大，动力性变差，行驶的平均速度下降。减小质量，可以减小汽车行驶时的阻力，使汽车动力性得到改善。

知识点三　汽车动力性能的检测方法

1. 台架检测

在室内检测汽车动力性时，必须在底盘测功台上进行，采用驱动车轮输出功率或驱动力作为诊断参数。驱动车轮输出功率的检测，即通常所说的底盘测功。

底盘测功的目的：一是获得驱动车轮的输出功率或驱动力，以便评价汽车的动力性；二是用获得的驱动车轮输出功率与发动机飞轮输出功率进行对比求出传动效率，以便判定底盘传动系统的技术状况。

室内台架试验不受气候和驾驶技术等客观条件的影响，只受测试仪本身测试精度的影响，测试条件易于控制，所以汽车检测站广泛采用汽车动力性室内台架试验方式。为了取得精确的测量结果，底盘测功机的生产厂家，应在说明书中给出底盘测功机在测试过程中本身随转速变化机械摩擦所消耗的功率，对于风冷式测功机，还需给出冷却风扇随转速变化所消耗的功率。另外，由于底盘测功机（图 2-2）的结构不同，对汽车在滚筒上模拟道路行驶时的滚动阻力也不同，在说明书中还应给出不同尺寸的车轮在不同转速下的滚动阻力系数值。

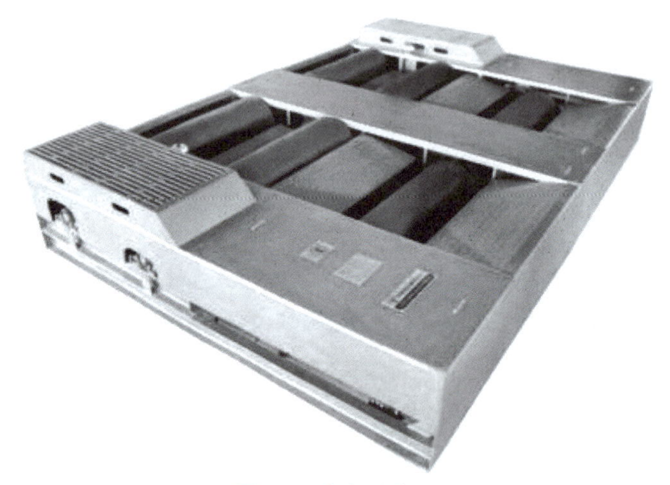

图 2-2　底盘测功机

汽车在道路上运行过程中存在着运动惯性和行驶阻力，要在试验台上模拟汽车道路运行工况，首先要解决模拟汽车整车的运动惯性和行驶阻力问题，这样才能用台架测试汽车运行状况的动态性能。为此，底盘测功机的工作原理利用惯性飞轮的转动惯量来模拟汽车旋转体的转动惯量及汽车直线运动质量的惯量，采用电磁离合器自动或手动切换飞轮的组合，在允许的误差范围内满足汽车的惯量模拟。至于汽车在运行过程中所受的空气阻力、非驱动轮的滚动阻力及爬坡阻力等，则采用功率吸收加载装置来模拟。路面模拟是通过滚筒来实现的，即以滚筒的表面取代路面，滚筒的表面相对于汽车做旋转运动。通过控制系统可对加载装置及惯性模拟系统进行自动或手动控制，以实现对车辆的动力性（如加速性能、汽车底盘输出功率、底盘输出最大驱动力、滑行性能、车速表校验、里程表校验等项目）的检测。

2. 道路检测

道路检测对汽车动力性的检测不同于台架检测，主要是测量汽车的最高车速、最低稳定车速、加速能力、最大爬坡度及牵引性能等。室内试验可测量汽车的驱动力和各种阻力，但道路测试会受到道路和环境条件的限制。

（1）检测环境

1）装载质量。装载质量均匀分布，装载物（无特殊规定时，装载质量均为厂定最大装载质量或使被测车辆处于厂定最大装载质量状态）应固定牢靠，检测过程中不得晃动和颠簸；不应因潮湿、散失等条件变化而改变其质量，以保证装载质量的大小和分布不变。除此之外，还应计入乘员质量。

2）轮胎气压。检测过程中，轮胎冷充气压力应符合该车技术条件的规定，误差不超过 10kPa。

3）气象。检测时应是无雨无雾天气、相对湿度小于95%、气温为0~40℃、风速不大于3m/s。另外，对气象有特殊要求的试验项目，由相应试验方法规定。

4）道路。除另有规定外，各项性能检测应在清洁、干燥、平坦、用沥青或混凝土铺装的直线道路上进行。道路长度为 2~3km，宽度不小于 8m，纵向坡度在 0.1%以内。

5）燃料、润滑油。检测用的燃料和润滑油的牌号、规格，应符合该车技术条件的规定。若技术条件无相关规定时，发动机冷却液的温度为 80~90℃，机油的温度为 50~90℃，变速器、驱动桥润滑油温度为 50℃以上，必要时可在试验前进行 20~30min 较高车速的预热行驶。为实现上述热状态，可采取保温措施。

（2）检测仪器　以车速为主要检测目标，人工手动的检测器具如计时器（包括秒表，也可使用光电管式等其他计时装置，最小读数为 0.01s）、钢卷尺、标杆。自动的检测仪器如第五轮仪、非接触式速度仪（雷达测速仪）、GPS 车速试验仪器等。

【任务实施】

任务导入

结合任务描述中的情景，向陈先生解释影响汽车动力性能的因素以及汽车动力性能的评价指标，分析汽车动力不足的可能原因，并给出合理的建议。

步骤一：了解客户车辆的技术状况及驾驶行为习惯。

步骤二：正确解释汽车动力性能的影响因素。

步骤三：分析汽车动力不足的可能原因，并给出合理的建议。

汽车动力性能检测实训记录表见表 2-1。

表 2-1　汽车动力性能检测实训记录表

客户基本信息				
姓名	性别	驾龄	联系方式	备注
客户车辆的技术状况				
分析汽车动力不足的可能原因				
客户问题解答记录及建议				

步骤四：评价工作成果与学习成果。

此步骤是在资料的汇总与整理基础上进行任务总结，可以尝试回答以下问题：

1. 你设定的目标是否达成？
2. 客户是否认可你的解释，并接受你的建议？
3. 你认为还需掌握哪些知识？

任务评价

评价表见表 2-2。

表 2-2 评价表

评分项	评分子项目	评分细则	自我评价	小组评价	教师评价
纪律 （5 分）	1）不迟到 2）不早退 3）学习用品准备齐全 4）积极参与课程问题思考和回答 5）积极参与教学活动	未完成 1 项扣 1 分，扣分不得超过 5 分			
职业素养 （15 分）	1）勇于探索，实事求是 2）积极与他人合作 3）积极帮助他人 4）遵守礼仪礼节 5）做事态度严谨、认真 6）具备劳动精神，能主动做到场地的 6S 管理	未完成 1 项扣 5 分，扣分不得超过 15 分			
专业技能 （40 分）	1）正确描述汽车动力性能的评价指标 2）能够正确解释影响汽车动力性的因素 3）了解汽车动力性的台架检测方法 4）了解汽车动力性的道路检测方法	未完成 1 项扣 10 分，扣分不得超过 40 分			
工具及设备的使用 （20 分）	1）能正确使用 iPad、计算机上的一些图片处理和视频拍摄软件 2）能正确使用谈判桌等场地工具	未完成 1 项扣 10 分，扣分不得超过 20 分			
任务工单填写 （20 分）	1）字迹清晰 2）语句通顺 3）无错别字 4）无涂改 5）无抄袭 6）内容完整 7）回答准确 8）有独到的见解	未完成 1 项扣 5 分，扣分不得超过 20 分			

【知识自测】

1. 填空题

1）汽车动力性能是表示汽车在行驶中能达到的________、________和________，是汽车各种性能中最基本、最重要的一种性能。

2）加速性能在理论上用加速度来评定，而在实际试验中通常用________来评价。

3）在室内检测汽车动力性能时，必须在________上进行。

2. 简答题

1）汽车行驶时有哪些行驶阻力？

2）试说明轮胎滚动阻力的定义、产生机理和作用形式。

3）滚动阻力系数与哪些因素有关？
4）空气阻力由哪几部分组成？降低空气阻力系数的结构措施有哪些？
5）什么是汽车的附着力？
6）影响附着系数的因素是什么？
7）试分析影响汽车动力性能的因素。
8）试述动力性能道路试验的方法。

【拓展提升】

1）阅读 GB 7258—2017《机动车运行安全技术条件》、GB/T 15746—2011《汽车修理质量检查评定方法》等。

2）查阅相关的资料，了解学习汽车动力性能台架检测的具体步骤。

任务二　汽车车轮动平衡检测

【任务描述】

李先生到 4S 店进行车辆维护，向接待人员反映他的汽车最近开起来没有以前平稳了，高速行驶的时候还会有轻微跳动的现象，希望 4S 店查找原因，并给出合理的解决方案。作为一名售后经理，请你结合专业知识为李先生的车辆进行相关检查，分析汽车行驶不平稳的可能原因，并给出合理的解决方案。

【任务目标】

通过本任务的学习，需要达成以下目标：
1. 理解车轮静平衡和车轮动平衡的含义。
2. 熟悉车轮动平衡的工作原理及检测方法。
3. 能够正确描述影响车轮平衡的因素及危害。
4. 能够正确解释车轮动平衡的工作原理及必要性。
5. 了解车轮动平衡机的使用方法。
6. 养成良好的心理素质和克服困难的能力。
7. 养成勇于探索、实事求是的职业素养。
8. 培养大国工匠精神，做到精益求精，追求极致。

【任务分析】

通过本任务的学习，可以理解车轮平衡的含义，熟悉影响车轮平衡的因素及危害。
要完成本学习任务，可以按照以下流程进行：
1）学习“车轮静平衡和车轮动平衡”“车轮平衡机及检测原理”等知识点。
2）熟悉不同类型动平衡机的检测原理、检测方法及注意事项。
3）了解客户用车环境及驾驶行为习惯，分析汽车行驶不平稳的可能原因。
4）给出合理建议，消除客户的疑虑。
完成本任务所需的知识详见后续知识准备中的各知识点。

【知识准备】

知识点一　车轮静平衡和车轮动平衡

随着道路质量的提高和高速公路的普及，汽车行驶速度越来越高，所以对于汽车车轮平衡度的要求也越来越高。车轮高速旋转时，不平衡质量会引起车轮上下跳动和横向摆振，不仅影响汽车行驶的平顺性、乘坐舒适性和操纵性，还会影响行车安全。车轮的上下跳动和横向摆振还会加剧轮胎的磨损，缩短汽车使用寿命，增加运输成本。所以，车轮平衡问题越来越引起人们的重视，成为汽车检测项目之一。

车轮的平衡可分为车轮静平衡和车轮动平衡两类。

1. 车轮静平衡

车轮的静平衡，是指轮胎圆周上的质量均衡。支起车轴，调整好轮毂轴承松紧度，用手轻转动车轮，使其自然停转。车轮停转后在离地最近处做一标记，然后重复上述试验多次。若车轮经几次转动自然停转后，所做标记的位置各不一样，或强迫停转后，消除外力车轮也不再转动，则车轮为静平衡。

如果每次试验的标记都停在离地最近处，则车轮为静不平衡。

静平衡的车轮，其中心与旋转中心重合；静不平衡的车轮，其重心与旋转中心不重合，在旋转时产生离心力，如图 2-3 所示。

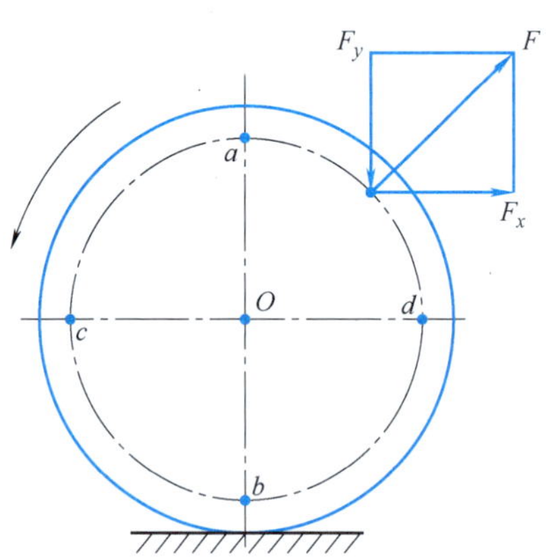

图 2-3　车轮静不平衡产生的离心力

$$F=mr\omega^2$$

式中　m——不平衡点质量；

ω——车轮旋转角速度，$\omega=2\pi n$；

n——车轮转速；

r——不平衡点质量离车轮旋转中心的距离。

从式中可以看出，车轮转速 n 越高，不平衡点质量 m 越大，不平衡点质量离车轮旋转中心的距离越远，则离心力 F 越大。

离心力 F 可分解为水平分力 F_x 和垂直分力 F_y。在车轮转动一周中，垂直分力 F_y 有两次落在通过车轮中心的垂线上，一次在 a 点，另一次在 b 点，方向相反，均达到最大值，使车轮上下跳动，并由于陀螺效应引起前轮摆振。

水平分力 F_x 有两次落在通过车轮中心的水平线上，一次落在 c 点，另一次落在 d 点，方向相反，均达到最大值，使车轮前后窜动，并形成绕主销来回摆动的力矩，造成前轮摆振。当左右前轮的不平衡质量相互处于 180° 位置时，前轮摆振最为严重。

2. 车轮动平衡

车轮的动平衡，是指轮胎轴向上的质量均衡。在图 2-4a、b 中，车轮均是静平衡。在该车轮旋转轴线的径向相反位置上，各有一用半径相同、质量也相同的不平衡点 m_1 与 m_2，且不处于同一平面内。对于这样的车轮，其不平衡点的离心力合力为零，而离心力的合力矩不为零，转动中产生方向反复变动的力偶 M，使车轮处于动不平衡中。动不平衡的前轮绕主销摆振。如果 m_1 与 m_2 在同一作用半径的相反方向上配置相同质量的 m'_1 与 m'_2，则车轮处于动平衡中，如图 2-4c 所示。

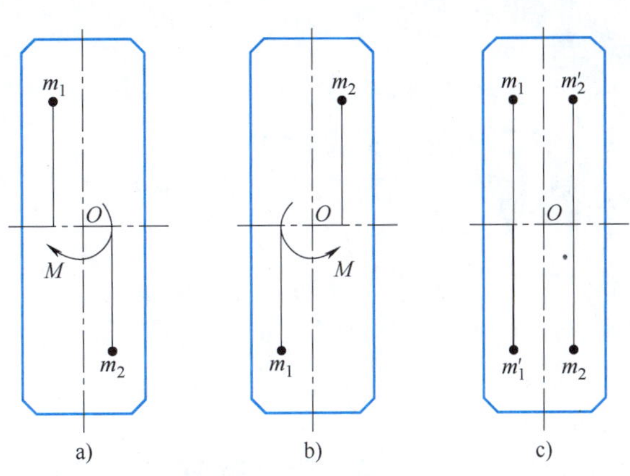

图 2-4　车轮平衡示意图

a)、b) 车轮静平衡但动不平衡　c) 车轮静平衡且动平衡

因此，静平衡的车轮不一定动平衡，而动平衡的车轮一定是静平衡的。

3. 车轮不平衡的影响因素

车轮不平衡的原因主要有：

1）前轮定位不当，特别是前束和主销倾角，不仅影响汽车的操纵性和行驶稳定性，而且会造成轮胎偏磨，这种胎冠的不均匀磨损与轮胎不平衡形成恶性循环。所以使用中出现车轮不平衡，也可能是车轮定位角失准的反映。

2）轮胎和轮辋、挡圈等因几何形状失准或密度不均匀而先天形成的质心偏离。

3）因为轮毂和轮辋定位误差使安装中心与旋转中心难以重合。

4）维修过程中拆装破坏了原有的整体综合重心。

5）轮辋直径过小，运行中轮胎相对于轮辋在圆周方向滑移，从而发生波状不均匀磨损。

6）车轮碰撞造成的变形引起的质心位移。

7）轮胎翻新中因为定位精度不高而造成新胎冠厚度不均匀使质心改变。

8）高速行驶中制动抱死引起的纵向和横向滑移，能够造成局部的不均匀磨损。

知识点二　车轮平衡机及检测原理

车轮不平衡的检测方法按检测方式可分为离车式和就车式两种。离车式检测方法是将车轮从车上拆下安装到车轮平衡机上检测其平衡状况，其特点是影响因素少，检测精度高，易于平衡，但其拆装麻烦。而就车式检测方法是指在不拆卸车轮的情况下，直接在车上检测车轮的平衡状况。其特点是可以对车轮及其连接的旋转零件进行综合检测，它包括对制动鼓或制动盘的不平衡检测，同时就车式检测方法不需拆装车轮，可提高检测效率。

1. 离车式车轮平衡机

（1）离车式车轮平衡机的结构　离车式车轮动平衡机如图 2-5 所示，由驱动装置、转轴与支撑装置、指示与控制装置、制动装置、机箱和车轮防护罩等组成。驱动装置一般由电动机和传动机构等组成，可驱动转轴旋转。转轴由两个滚动轴承支撑，每个轴承均有一能将动反力变为电信号的传感器。转轴的外端通过锥体和大螺距螺母等固定被测车轮。驱动装置、转轴与支撑装置等均装在机箱内。车轮防护罩可防止车轮旋转时其上的平衡块或花纹内夹杂物飞出伤人。制动装置可使车轮停转。指示与控制装置多为微机式，具有自动诊断系统，能将传感器的电信号通过微机运算、分析、判断后显示出不平衡量及相位。为了使显示的不平衡量恰是轮辋边缘所加平衡块的质量，还应将测得的轮辋直径 d、轮辋宽度 b 和轮辋边缘至平衡机机箱的距离 a（轮辋外悬尺寸），通过键盘或选择器旋钮输入微机。

图 2-5 离车式车轮动平衡机

（2）离车式车轮平衡机的使用方法

1）清除被测车轮上的泥土、石子和旧平衡块。

2）检查轮胎气压，视必要充至汽车制造厂的规定值。

3）根据轮辋中心孔的大小选择锥体，仔细地装上车轮，用大螺距螺母拧紧。

4）打开电源开关，检查指示与控制装置的面板是否指示正确。

5）用卡尺测量轮辋宽度 b、轮辋直径 d，用平衡机上的卡尺测量轮辋边缘至机箱距离 a，再用键入或选择器旋钮对准测量值的方法，将 a、b、d 值输入指示与控制装置中。

6）放下车轮防护罩，按下起动键，车轮旋转，平衡测试开始，微机自动采集数据。

7）车轮自动停转或听到“嘀”声，按下停止键并操纵制动装置使车轮停转后，从指示与控制装置读取车轮内外两侧不平衡量和不平衡位置。

8）抬起车轮防护罩，用手慢慢转动车轮。当指示与控制装置发出指示（音响、指示灯亮、制动、显示点阵或显示检测数据等）时停止转动。在轮辋的内侧或外侧的上部（时钟 12 点位置）加装指示与控制装置显示该侧平衡块质量。内外侧要分别进行，平衡块装卡要牢固。

9）安装平衡块后，有可能产生新的不平衡，应重新进行平衡试验，直至不平衡量 <5g，指示与控制装置显示“00”或“OK”时才可以，如图 2-6 所示。

10）测试结束，关闭电源开关。

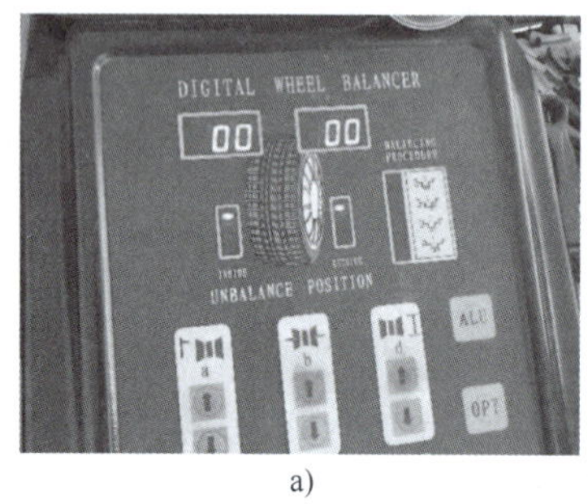

a）

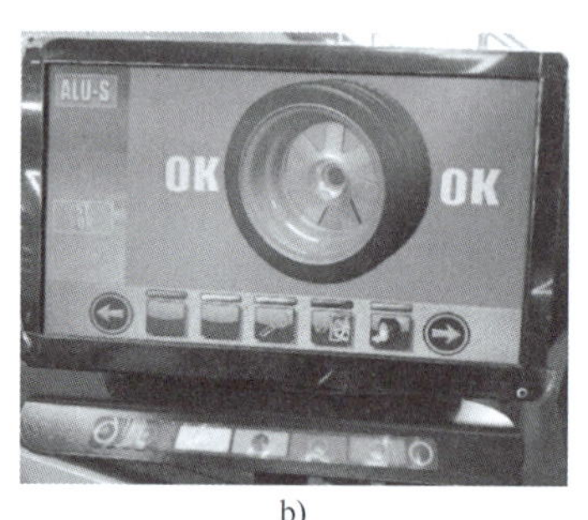

b）

图 2-6 车轮动平衡试验界面

a）“00”界面 b）“OK”界面

2. 就车式车轮平衡机

（1）就车式车轮平衡机的结构 就车式车轮动平衡机一般由驱动装置、测量装置、指示与控制装置、制动装置和小车等组成，其整体结构及示意图如图 2-7 所示，工作图如图 2-8 所示。驱动装置由电动机和转轮等组成，能带动支离地面的车轮转动。测量装置由传感磁头、可调支杆、底座和传感器等组成。它能将车轮不平衡量产生的振动变成电信号，送至指示与控制装置。指示与控制装置由频闪灯、不平衡度表或数字显示屏等组成。频闪灯用来指示车轮不平衡点位置，不平衡度表或数字显示屏用来指示车轮不平衡量，一般有两个档位。第一档一般用于初查时的指示，第二档一般用于装上平衡块后复查时的指示。制动装置用于车轮停转。除测量装置外，车轮动平衡机的其余装置都装在小车上，可方便地移动。

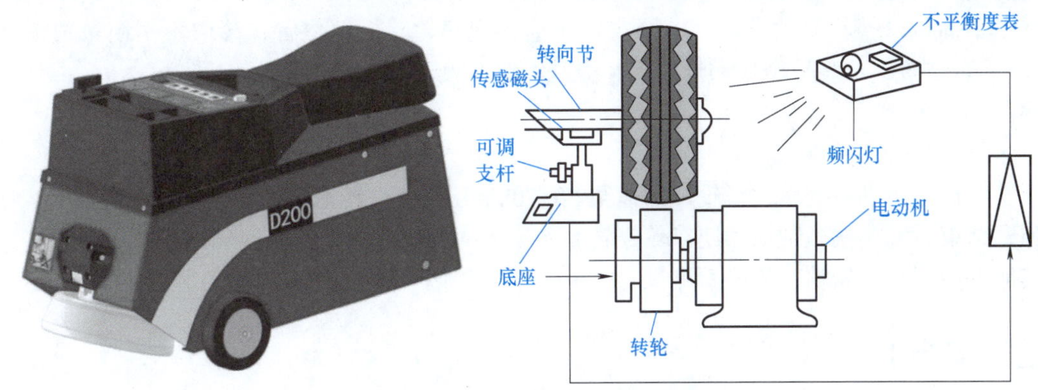

图 2-7　就车式车轮动平衡机示意图

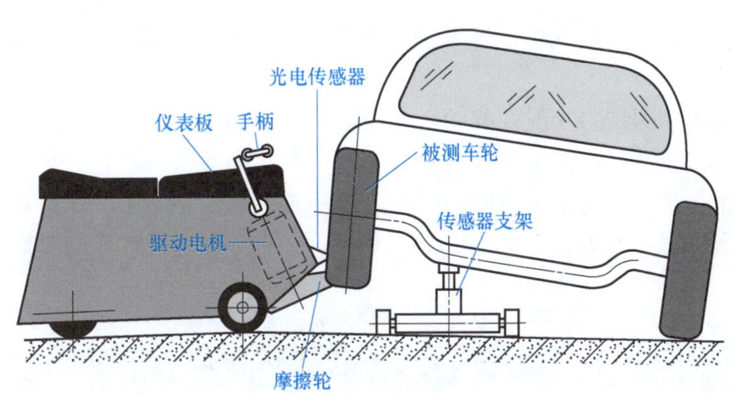

图 2-8　就车式车轮动平衡机工作图

（2）就车式车轮平衡机的使用方法

1）准备工作。

① 用千斤顶支起车轴，两边车轮离地间隙要相等。

② 清除被测车轮上的泥土、石子和旧平衡块。

③ 检查轮胎气压，视必要充至规定值。

④ 检查轮毂轴承是否松旷，视必要调整至规定松紧度。

⑤ 在轮胎外侧面任意位置上用白粉笔或白胶布做上记号。

2）从动前轮静平衡。

① 用三角垫木塞紧非测试车轮，将就车式车轮平衡机的测量装置推至被测前轮一端的前轴下，传感磁头吸附在悬架下或转向节下，调节可调支杆高度并锁紧。

② 推平衡机至车轮侧面或前面（视车轮平衡机型号不同而异），检查频闪灯工作是否正常，检查转动的旋转方向能否使车轮的转动力与前进行驶时方向一致。

③ 操纵车轮平衡机摩擦轮与轮胎接触，起动电动机带动车轮旋转至规定车速。

④ 观察频闪灯照射下的轮胎标记位置，并从指示与控制装置（第一档）上读取不平衡量数值。

⑤ 操纵平衡机上的制动装置，使车轮停止转动。

⑥ 用手转动车轮，使其上的标记仍处在上述观察位置上，此时轮辋的最上部（时钟 12 点位置）为加装平衡块的位置。

⑦ 按指示与控制装置显示的不平衡量选择平衡块，牢固地装卡到轮辋边缘上。

⑧ 重新驱动车轮进行复查测试，指示与控制装置用二档显示。若车轮平衡度不符合要求，应调整

平衡块质量和位置，直至符合平衡要求。

3）从动前轮动平衡。

① 将传感磁头吸附在经过擦拭的制动底板边缘平整处。

② 操纵平衡机摩擦轮驱动车轮旋转至规定车速，观察轮胎标记位置，读取不平衡量数值，停转车轮找平衡块加装位置，加装平衡块和复查等，方法与静平衡相同。

4）驱动轮平衡。

① 顶起驱动车轮。

② 用发动机、传动系统驱动车轮，加速至 50~70km/h 的某一转速下稳定运转。

③ 测试结束后，用汽车制动器使车轮停转。

④ 其他方法同从动轮动、静平衡测试。

【任务实施】

任务导入

结合任务描述中的情景，向李先生解释影响车轮平衡的因素及危害，分析汽车行驶不平稳的可能原因，并给出合理的建议。

步骤一：了解客户车辆的技术状况及驾驶行为习惯。

步骤二：正确描述车轮不平衡的影响因素及危害。

步骤三：分析汽车行驶不平稳的可能原因，并给出合理的建议。

车轮动平衡检测实训记录表见表 2-3。

表 2-3　车轮动平衡检测实训记录表

客户基本信息				
姓名	性别	驾龄	联系方式	备注
客户车辆的技术状况				
分析汽车行驶不平稳的可能原因				
客户问题解答记录及建议				

步骤四：评价工作成果与学习成果。

此步骤是在资料的汇总与整理基础上进行任务总结，可以尝试回答以下问题：

1. 你设定的目标是否达成?
2. 客户是否认可你的解释，并接受你的建议?
3. 你认为还需掌握哪些知识?

任务评价

评价表见表 2-4。

表 2-4 评价表

评分项	评分子项目	评分细则	自我评价	小组评价	教师评价
纪律 (5 分)	1）不迟到 2）不早退 3）学习用品准备齐全 4）积极参与课程问题思考和回答 5）积极参与教学活动	未完成 1 项扣 1 分，扣分不得超过 5 分			
职业素养 (15 分)	1）勇于探索，实事求是 2）积极与他人合作 3）积极帮助他人 4）遵守礼仪礼节 5）做事态度严谨、认真 6）具备劳动精神，能主动做到场地的 6S 管理	未完成 1 项扣 5 分，扣分不得超过 15 分			
专业技能 (40 分)	1）正确描述车轮平衡的含义 2）能够正确解释车轮不平衡的影响因素 3）了解车轮动平衡机的使用方法	未完成 1 项扣 10 分，扣分不得超过 40 分			
工具及设备的使用 (20 分)	1）能正确使用 iPad、计算机上的一些图片处理和视频拍摄软件 2）能正确使用谈判桌等场地工具	未完成 1 项扣 10 分，扣分不得超过 20 分			
任务工单填写 (20 分)	1）字迹清晰 2）语句通顺 3）无错别字 4）无涂改 5）无抄袭 6）内容完整 7）回答准确 8）有独到的见解	未完成 1 项扣 5 分，扣分不得超过 20 分			

【知识自测】

1. 填空题

1）车轮的平衡可分为________和________两类。

2）车轮不平衡的检测方法按检测方式可分为________和________两种。

2. 简答题

1）为什么要进行车轮动平衡检测?

2）车轮动平衡如何检测?

【拓展提升】

查阅相关的资料，了解学习汽车动平衡机的使用方法，能够正确描述具体的检测步骤。

任务三　汽车侧滑检测

【任务描述】

王先生到4S店进行车辆检修，向接待人员反映他的汽车最近出现转向变重、高速行驶时还会出现车头摇摆的现象，希望4S店能够查找原因，并给出合理的解决方案。作为一名售后经理，请你结合专业知识为李先生的车辆进行相关检查，分析可能原因，并给出合理的解决方案。

【任务目标】

通过本任务的学习，需要达成以下目标：

1. 熟悉汽车车轮产生侧滑的原因及影响。
2. 能够正确解释汽车转向轮侧滑量检测的必要性。
3. 了解侧滑检测的基本内容及方法。
4. 养成良好的心理素质和克服困难的能力。
5. 养成勇于探索、实事求是的职业素养。
6. 培养大国工匠精神，做到精益求精，追求极致。

【任务分析】

通过本任务的学习，可以熟悉汽车车轮产生侧滑的原因及影响，了解侧滑检测的基本方法。

要完成本学习任务，可以按照以下流程进行：

1）学习“汽车侧滑的产生及影响”“侧滑试验台及测量原理”等知识点。

2）熟悉GB 7258—2017《机动车运行安全技术条件》等国家标准，了解侧滑试验台检测前轮侧滑量的检测方法。

3）了解客户用车环境及驾驶行为习惯，分析汽车转向变重、车头摇摆的可能原因。

4）解答客户疑问，给出合理建议，消除客户的疑虑。

完成本任务所需的知识详见后续知识准备中的各知识点。

【知识准备】

知识点一　汽车侧滑的产生及影响

1. 汽车侧滑的产生

侧滑通常是指车轮在前进过程中的横向滑移现象。造成侧滑的原因，既可能由车轮定位（即车轮各角度参数）不合适所引起，也可能由于紧急制动时车轮“抱死”所造成。这里仅讨论由于前轮定位不当导致的侧滑问题。

通常来说，前轮是汽车的转向轮，为了保证汽车具有良好的操纵稳定性，前轮所在平面以及主销轴线总是设计成与汽车的纵向或横向铅垂面呈一定角度。这些角度参数包括主销内倾角、主销后倾角、前轮外倾角和前轮前束，合称前轮定位参数。

为了保证汽车转向车轮无横向滑移的直线滚动，要求车轮外倾角与车轮前束适当配合，当车轮前束值与车轮外倾角匹配不当时，车轮就可能在直线行驶过程中产生侧向滑移现象。通过侧滑试验台检测汽车的侧滑量，主要是检测汽车前束和外倾是否配合得当。

影响汽车侧滑的主要因素是车轮外倾角和前束。

外倾是指车轮的旋转平面上方偏离铅垂线，使用外倾角度进行度量。如果轮胎顶部向外倾斜，那么外倾角是正的，如图 2-9 所示。

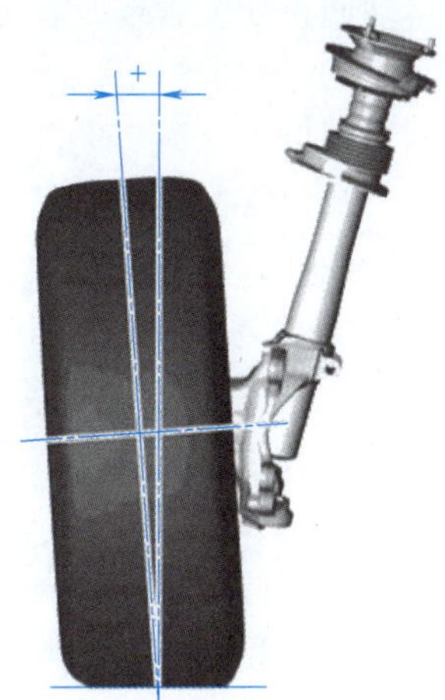

图 2-9　前轮外倾角

零外倾角指的是车轮和轮胎完全垂直于地面，此时轮胎的磨损最小。正外倾角使轮胎外胎面比里胎面磨损得要快，负外倾角的情况则正好相反。较小的外倾角有助于操纵和转向，符合技术规范的外倾角对轮胎的磨损几乎没什么影响，但是过大的外倾角则会造成轮胎的磨损明显增加，从而缩短轮胎的使用寿命。

车轮外倾角的作用一方面是为了避免汽车承重后，前梁变形引起前轮出现内倾，从而加速轮胎的磨损和加大轮毂外侧轴承负荷；另一方面，有了外倾角也可以适应拱形路面。同时，为了消除前轮外倾带来的不良后果，在安装前轮时，人为地使两轮中心平面不平行。在沿前进方向上，两轮前端距离小于后端距离。如图 2-10 所示，*B* 与 *A* 之差就称为前束值。

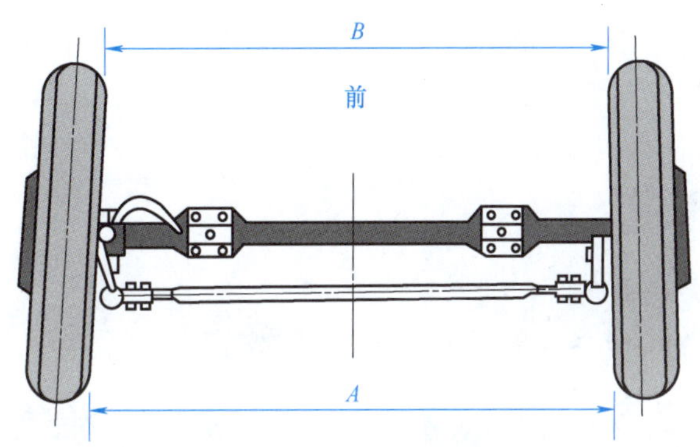

图 2-10　前轮前束

当车轮外倾角一定时，改变前束值就会导致侧向力及侧滑量成正比的变化。因此，当侧滑量超标时，通常情况下调整前束就能使侧滑量合格。然而也有特殊情况，当汽车前部因碰撞变形时，会导致左右轴距不相等或使前轮定位角发生较大变化，这时会出现这样的现象：汽车侧滑不合格时，驾驶人感觉转向盘还能掌握；当采用调整前束的方法使侧滑合格以后，反而觉得汽车的转向盘掌握不了，汽车无法驾驶。遇到这种情况，应首先测量前束值，看其是否在原厂规定的范围内，如超出原厂规定的范围较多，应将其调回原厂规定的范围内，再检查左右两侧轴距是否一致、前轮定位的其他三个参数是否符合要求。侧滑不合格不能一味用改变前束的办法调整。

汽车产生侧滑现象的主要原因如下：

1）汽车轮毂轴承间隙过大，左右松紧度不一致。

2）转向节主销与衬套磨损，转向节臂松动。

3）左右轮胎气压不等，花纹不一致。

4）轮胎磨损过甚，以至于严重偏磨，横、直拉杆球头松旷。

5）轮胎上有水、油，花纹中嵌有石子。

6）左右悬架性能不等，前后轴不平行。

7）左右车轮的轴距不同。

2. 汽车侧滑的影响

正常情况下，前轮侧滑量的允许范围为 5m/km。如果侧滑量过大，将对汽车行驶稳定性能、加速性能和燃料经济性能产生不良影响。

1）影响行驶稳定性。汽车前轮侧滑量增大，对汽车的直线行驶性干扰很大，会出现转向盘沉重，自动回正功能较弱，在车速 50km/h 以上时甚至出现车头摇摆现象。

2）增加轮胎磨损。汽车前轮侧滑量增大使轮胎磨损加剧，同时还会引起偏磨，导致轮胎使用寿命缩短。例如，汽车的前轮侧滑量从 1m/km 增加到 5m/km 时，前轮轮胎的磨损程度会增加 140%。

3）增加燃油消耗。汽车侧滑量增大时，行驶阻力随之增大，相应地将会增加汽车油耗。

因此，当侧滑量太大时，会引起汽车行驶方向不稳、转向沉重、增加轮胎磨损、加大燃油消耗，甚至会导致交通事故。因此，在对汽车的定期检验中，侧滑检测是必不可少的检验项目之一。

知识点二　侧滑试验台及测量原理

汽车侧滑检验设备按测量参数可以分为两类：一类是测量车轮侧滑量的滑板式侧滑试验台，另一类是测量车轮侧向力的侧滑试验台，这两种试验台都属于动态侧滑试验台。目前，我国在用的大多数侧滑试验台均是滑板式，检测时使汽车前轮在滑板上通过，测量在左右方向位移量的方法来检验侧滑量。

滑板式侧滑试验台按照结构的不同可分为单滑板式侧滑试验台和双滑板式侧滑试验台两种。如图 2-11 和图 2-12 所示，单滑板式侧滑试验台只有一块侧滑板，检验时汽车只有一侧车轮从试验台上通过，双滑板式侧滑试验台有左、右两块侧滑板，检验时汽车左、右车轮同时从侧滑板上通过。侧滑试验台一般由测量装置、指示装置和报警装置等组成。

图 2-11　单滑板式侧滑试验台

图 2-12　双滑板式侧滑试验台

以侧滑板仅受车轮前束、外倾角的作用为例分析侧滑试验台的测量原理。

1. 侧滑板仅受车轮前束作用

当考虑车轮仅有前束，车轮在前进时，如图 2-13 所示，由于车轮有向内滚动的趋势，但因受到车桥的约束作用，在实际前进驶过侧滑试验台时，车轮不可能向内侧滚动，从而会通过车轮与滑动板间的附着作用带动滑动板向外侧运动，车轮在滑动板上单纯滚动，滑动板相对于地面有侧向移动，此时测得的滑动板的横向位移量记为 S_t（由前束所引起的侧滑分量）。仅具有前束角的车轮在后退时，通过侧滑试验台所引起的侧滑分量 S_t，大于零。

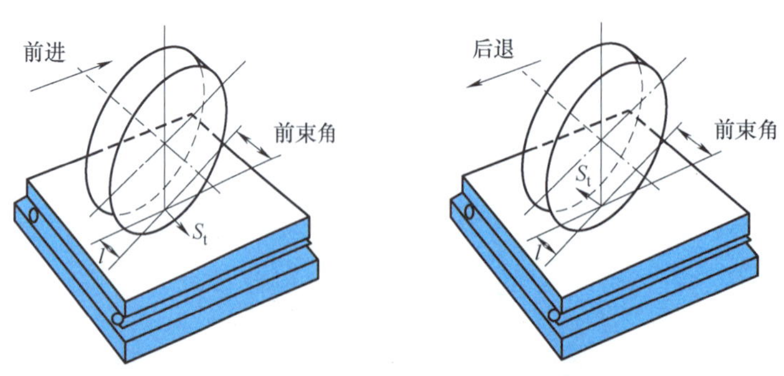

图 2-13　车轮前束引起的侧滑作用

车轮在后退时，若在无任何约束的情况下，车轮必定向外侧滚动，但因受到车桥的约束作用，虽然其存在着向外滚动的趋势，但不可能向外侧滚动，从而会通过其与滑动板间的附着作用带动滑动板向内侧移动，此时测得滑动板向内的位移量记为 S_t，仅具有前束角的车轮在后退时，通过侧滑试验台所引起的侧滑分量 S_t，小于零。

2. 侧滑板仅受车轮外倾角作用

以右前轮为参考，当车轮仅有正外倾角时，如图 2-14 所示，车轮有向外侧滚动的趋势，由于受到车桥的约束，车轮不可能向外移动，从而通过车轮与滑动板间的附着作用带动滑动板向内运动。此时滑动板向内移动的位移量记为 S_a（由外倾角所引起的侧滑分量）。具有正外倾角的车轮，由于其类似于滚锥的运动情况，因而无论其前进还是后退时所引起的侧滑分量均为负；相反地，内倾车轮引起的侧滑分量均为正。

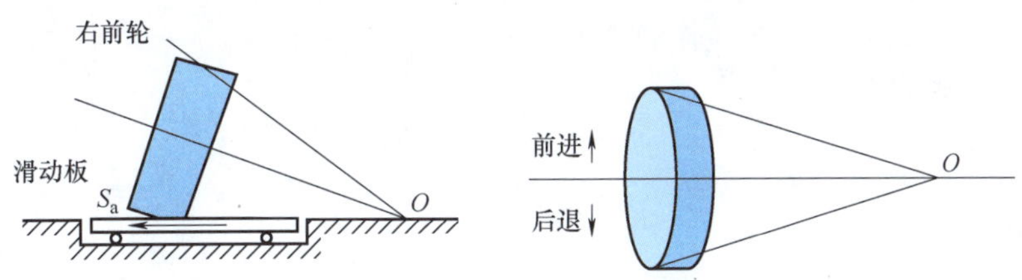

图 2-14　车轮外倾角引起的侧滑作用

综上所述，仅具有前束的车轮，在前进时驶过侧滑试验台所引起的侧滑分量为正值，在后退时驶过侧滑试验台所引起侧滑分量为负值。反之，仅具有正外倾的车轮，在前进时驶过侧滑试验台时所引起的侧滑分量为负值，在后退时驶过侧滑试验台所引起的侧滑分量为正值。

【任务实施】

任务导入

结合任务描述中的情景，向王先生分析转向沉重、车头摇摆的可能原因，解释影响汽车车轮产生侧滑的主要因素及检测的必要性，并给出合理的建议。

步骤一：了解客户车辆的技术状况及驾驶行为习惯。

步骤二：正确描述汽车产生侧滑的原因及影响。

步骤三：分析转向沉重、车头摇摆的可能原因，并给出合理的建议。

侧滑检测实训记录表见表 2-5。

表 2-5　侧滑检测实训记录表

客户基本信息				
姓名	性别	驾龄	联系方式	备注
客户车辆的技术状况				
分析汽车产生侧滑的可能原因				

（续）

客户基本信息
客户问题解答记录及建议

步骤四：评价工作成果与学习成果。

此步骤是在资料的汇总与整理基础上进行任务总结，可以尝试回答以下问题：

1. 你设定的目标是否达成？
2. 客户是否认可你的解释，并接受你的建议？
3. 你认为还需掌握哪些知识？

任务评价

评价表见表 2-6。

表 2-6　评价表

评分项	评分子项目	评分细则	自我评价	小组评价	教师评价
纪律（5 分）	1）不迟到 2）不早退 3）学习用品准备齐全 4）积极参与课程问题思考和回答 5）积极参与教学活动	未完成 1 项扣 1 分，扣分不得超过 5 分			
职业素养（15 分）	1）勇于探索，实事求是 2）积极与他人合作 3）积极帮助他人 4）遵守礼仪礼节 5）做事态度严谨、认真 6）具备劳动精神，能主动做到场地的 6S 管理	未完成 1 项扣 5 分，扣分不得超过 15 分			
专业技能（40 分）	1）正确描述汽车车轮产生侧滑的原因及影响 2）能够正确解释汽车侧滑检测的必要性 3）了解侧滑检测的基本内容及方法	未完成 1 项扣 10 分，扣分不得超过 40 分			
工具及设备的使用（20 分）	1）能正确使用 iPad、计算机上的一些图片处理和视频拍摄软件 2）能正确使用谈判桌等场地工具	未完成 1 项扣 10 分，扣分不得超过 20 分			
任务工单填写（20 分）	1）字迹清晰 2）语句通顺 3）无错别字 4）无涂改 5）无抄袭 6）内容完整 7）回答准确 8）有独到的见解	未完成 1 项扣 5 分，扣分不得超过 20 分			

【知识自测】

1. 填空题

1）汽车侧滑检验设备按测量参数可以分为两类：一类是测量________的滑板式侧滑试验台，另一类是测量________的侧滑试验台。

2）侧滑通常是指车轮在前进过程中的________现象。

2. 简答题

1）汽车侧滑检测的步骤是什么？

2）汽车侧滑检测的目的是什么？

3）汽车侧滑检测标准规定值是多少？

4）试分析汽车行驶侧滑的原因。

【拓展提升】

阅读 GB 7258—2017《机动车运行安全技术条件》，着重学习用侧滑试验台检测前轮侧滑量的具体操作规范及步骤。

任务四 汽车四轮定位检测

【任务描述】

张先生的车最近由于剐蹭进行了钣金修复，但是修复后张先生发现汽车在正常行驶过程中，转向有点变沉，回正功能也不顺畅，另外，转向盘保持直行状态时，汽车时而也会偏离道路，于是张先生把车开到了 4S 店查找原因，希望能够得到合理的解决方案。作为一名服务经理，请你结合专业知识为张先生分析一下造成该现象的可能原因，并合理为车辆安排相关检查，给出相应的解决方案。

【任务目标】

通过本任务的学习，需要达成以下目标：

1. 熟悉四轮定位的工作原理、检测参数及检测方法。
2. 能够正确解释汽车车轮定位参数及其作用。
3. 能够正确描述车轮定位参数检测的理由。
4. 了解四轮定位仪的类型及检测原理。
5. 能够根据检测结果给出车辆车轮定位状况的技术评价，并提出合理建议。
6. 养成良好的心理素质和克服困难的能力。
7. 养成勇于探索、实事求是的职业素养。
8. 培养大国工匠精神，做到精益求精，追求极致。

【任务分析】

通过本任务的学习，可以熟悉车轮定位参数，了解四轮定位仪的类型及检测原理。

要完成本学习任务，可以按照以下流程进行：

1）学习“车轮定位参数”“车轮定位的检测”“四轮定位仪及检测原理”等知识点。

2）了解不同类型四轮定位仪的使用场景，熟悉其检测原理及主要的检测步骤。

3）了解客户用车环境及驾驶行为习惯，分析汽车行驶偏离道路的可能原因。

4）解答客户疑问，给出合理建议，消除客户的疑虑。

完成本任务所需的知识详见后续知识准备中的各知识点。

【知识准备】

知识点一　车轮定位参数

车辆必须具有良好的稳定直行行驶的性能、弯路行驶的转弯性能、回到直行状态的恢复力、轮胎碰击时减缓传递给悬架的振动的能力。但在汽车行驶或维修过程中，由于悬架及转向系统中元件的磨损、变形、损坏甚至元件的更换都会使定位参数发生变化而失准，从而导致严重事故和轮胎磨损。因此，在更换球销、摆臂、横拉杆等零件后，对车轮定位参数进行调整就是必要的。

为了提高汽车的转向操纵稳定性，使操纵轻便，保证车辆自动直线行驶和自动回正的能力及减少轮胎磨损，汽车车轮和主销都设计有多重角度参数，统称为车轮定位。以前，车轮定位主要指转向轮前束、车轮外倾、主销后倾和主销内倾等角度参数，统称为前轮定位。现代汽车对后轮前束和后轮外倾也提出要求，称为后轮定位。所以，一般车轮定位包括前后轮定位，统称为四轮定位。

1. 前轮定位参数

（1）车轮外倾角　车轮外倾角是指从汽车的前方看，车轮中心线与铅垂线的夹角，如图 2-15 所示。车轮外倾角有正、负之分，车轮上部离开汽车中心线的为正的车轮外倾角；反之为负的车轮外倾角。比较老的车辆具有比较大的正的车轮外倾角，目的是保证车轮垂直于那时的表面弧度比较大的单车道路面。现代汽车将外倾角一般设定为 1° 左右，用于修正承载时因负重而导致车轮内倾，具体与车辆用途和悬架结构设计有关系。

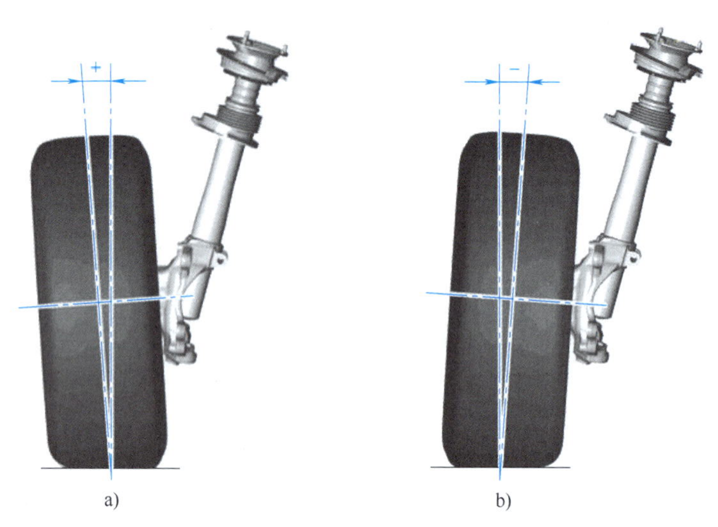

图 2-15　车轮外倾角

a）正外倾角　b）负外倾角

车轮外倾角的作用如下：

1）转向轻便。车轮外倾的存在，是轮胎接地点向内缩小，以减小偏距，从而使转向轻便。

2）减少轮胎偏磨。如果空车时车轮的安装正好垂直于路面，则满载时车桥将因承载变形，可能出现车轮内倾，这样会加速汽车轮胎的偏磨损。外倾角也不宜过大，否则轮胎也会产生偏磨损。

3）保护轴头螺母。如果车轮没有外倾角，满载后车轮会内倾，则轮载向外压靠在轮毂外轴承上，加重轴承和轮毂紧固螺母的负荷，缩短它们的使用寿命。所以，为了使轮胎磨损均匀和减轻轮毂外轴承的负荷，安装车轮时，需要预先使车轮有一定的外倾角，以防止车轮内倾。

4）保持轮胎与拱形路面垂直，减少轮胎偏磨损。车轮外倾角一般为 1°~30°。

（2）前束　前束是指从车辆的前方看，于两轮轴高度相同处测量左右轮胎中心线之间的距离，车轮

前端距离 B 与后端距离 A 的差值称为前束角。前端距离大于后端距离为负前束，反之为正前束，相等为零前束，如图 2-16 所示。

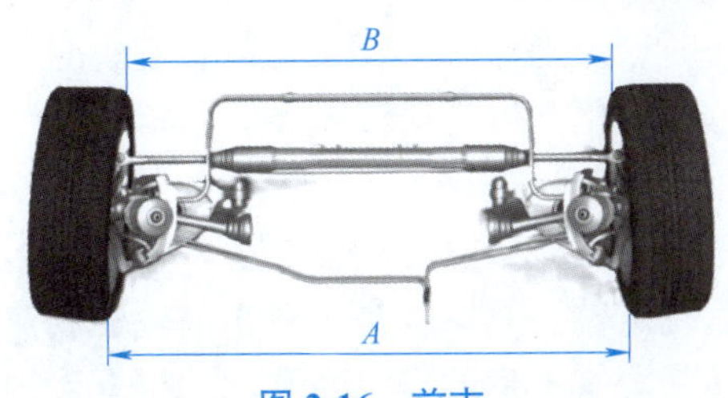

图 2-16 前束

具有外倾角的前轮在行驶时，如果不受约束，它会像圆锥那样绕旋转轴线与地面的交点旋转。但实际上，车轮受车轴的约束，只能向前滚动。这样，轮胎一定始终受到一个方向指向外侧的侧向力，从而导致轮胎的异常磨损；同时也引起行驶方向不稳定。另外，具有外倾角的前轮在滚动时还产生回正力矩。这个回正力矩是因为轮胎内、外侧滚动半径不相同而产生的。半径较小的内侧部分因线速度小而与地面发生滑移，半径较大的外侧部分因线速度大而与地面发生滑转，地面摩擦力方向与车轮对地面滑移的方向相反，使内、外侧的摩擦力形成一力偶矩。这一过程的滑移与滑转会造成轮胎异常磨损。前束角的作用是消除因为车轮外倾角而产生的轮胎磨损与滚动摩擦。

（3）主销后倾角　汽车设计转向桥时，转向主销倾斜安装在转向节上，形成主销后倾角和主销内倾角，使转向轮具有自动回正作用，保证汽车直线行驶。

主销后倾角是指在汽车纵向平面内，主销上部向后倾斜与车轮中心的垂线形成的角度，如图 2-17 所示。注意向前倾斜为负主销后倾角，向后倾斜为正主销后倾角。

主销后倾角的作用是转向后转向盘自动回正，增加直线行驶的稳定性。

主销后倾角一般约为 2°~3°，角度不宜过大，过大会造成转向盘沉重。主销后倾角也不能太小，会造成不稳定，转向后缺乏转向盘自动回正能力，车速高时发飘。另外，主销后倾角不对称造成跑偏，左右两轮之主销后倾角不对称超过 30'（0.5°）时车辆出现跑偏，跑偏方向朝向主销后倾角较小的一侧。

（4）主销内倾角　主销内倾角就是从汽车的前方看，转向轴线与地面铅垂线所形成的角度，如图 2-18 所示。

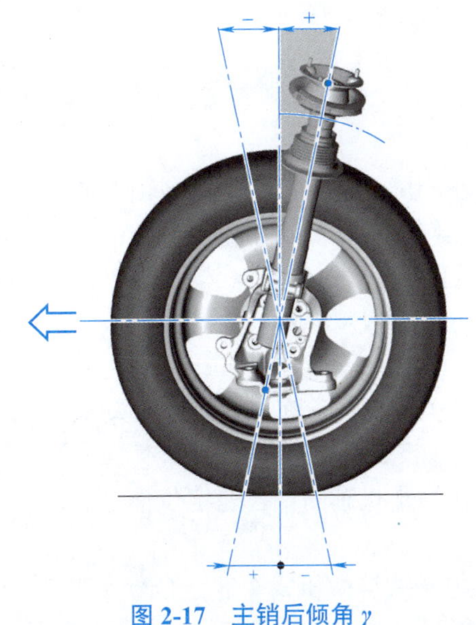

图 2-17　主销后倾角 γ

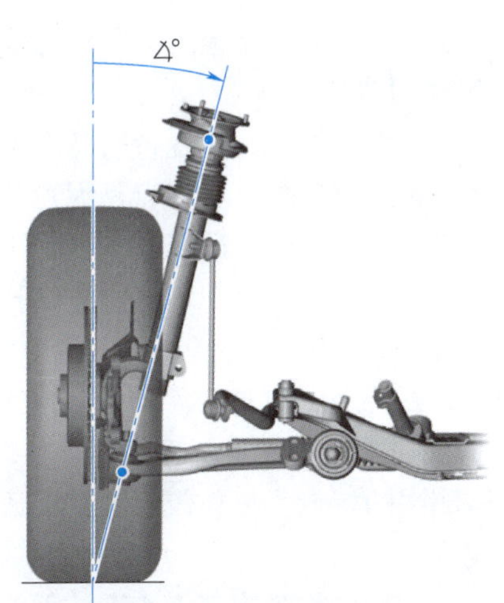

图 2-18　主销内倾角 β

主销内倾角的作用是转向轻便，操纵省力，使车轮自动回正，减少回跳和跑偏现象，改善车辆直线行驶的稳定性。

主销内倾角大，回正作用强，但转向时费力；主销内倾角过小，回正作用小，轮胎易磨损；如果主销内倾角左右不等，则车辆容易倾斜，将会出现以下严重的操纵问题：一是主销内倾角大的一侧驱动力小于主销内倾角小的一侧，急加速时产生力矩转向；二是紧急制动时，制动力不等而产生制动跑偏；三是车轮上跳回弹过程中的外倾角总角变化产生跳动转向。

2. 后轮定位参数

随着道路条件的改善汽车行驶速度越来越高以及前轮驱动、四轮独立悬架、承载式车身结构的出现，不仅要求前轮定位，还需有后轮定位。其原因是，对于前轮驱动汽车和独立后悬架汽车，如果后轮定位不当，即使前轮定位良好，还是会有不良的操纵性和轮胎早期磨损。为了防止高速行驶时汽车出现的“激转”及自动转向现象，在结构设计上应确保汽车具有不足转向的特性。汽车后轮具有一定程度的外倾角和前束使后轮具有合适的侧偏角，提高高速行驶的操纵稳定性。

（1）后轮外倾角　像前轮外倾角一样，后轮外倾角也对轮胎磨损和操纵性有影响。理想状态是四个车轮的运动外倾角均为零，这样轮胎和路面接触良好，能得到最佳的牵引性能和操纵性能。后轮外倾角是动态的，随悬架的上下移动而变化。车辆加载后，悬架下沉就会引起车轮外倾角改变。

（2）后轮前束　和前轮前束一样，后轮前束也是后轮定位的一个重要项目。如果前束不当，后轮轮胎也会被擦伤，另外，还会引起转向不稳定及降低制动效能（对于防抱死制动系统，切记此点）。与后轮外倾角一样，后轮前束也不是一个静态量，悬架摇动和反弹时，它就会变化。滚动阻力和发动机转矩对它也有影响。

（3）推力角　推力角也叫作推进角或驱动偏向角，是指推力线和汽车的纵向几何中心线不重合时，推力线与纵向几何中心线形成的夹角。推力角是一种故障参数，非设计参数。后轴的左、右轮前束不等，后轴安装偏斜，车轴偏角等情况都会产生推力角，从而使汽车行驶发生偏斜。例如：推力线朝右，后轮将使汽车逆时针转向，若驾驶人松脱转向盘，汽车向左转；若使汽车保持直线行驶，需不断向右偏转转向盘进行补偿，将造成轮胎的羽片状磨损。

知识点二　车轮定位的检测

随着汽车行驶速度的提高，对行驶系统的要求也越来越高。车轮定位参数的变化、悬架系统松旷、主销与衬套磨损等，都可以影响汽车乘坐的舒适性和行车安全性。前轮定位参数的变化对行车安全性的影响十分重要。汽车车轮定位检测的目的是要保证车辆的操纵稳定性，减少轮胎和机件的磨损，减少燃油消耗，减轻驾驶人的疲劳强度。

车轮定位的检测有动态检测法和静态检测法。

1. 动态检测法

动态检测是汽车在低速直线行驶状态下，测量车轮作用在测试设备上的侧向力或由侧向力产生的侧滑量来检测车轮定位参数。其特点是无须辅助的安装作业，操作简便；反映各定位参数的综合作用，可保证汽车严格按直线行驶，适于汽车转向轮定位参数的快速检测。

动态检测设备主要有汽车车轮侧滑试验台和滚筒式车轮定位检测台。

2. 静态检测法

根据轮胎旋转平面与车轮各定位参数间存在的直接或间接关系，在汽车车轮静止不动的状态下对车轮定位值进行几何检测。

静态检测法的特点：操作较频繁，不适合快速检测，且在静止状态测量各轮定位值；难以保证汽车严格按直线行驶。

静态检测使用的设备有气泡水准式及光学式或激光式、电子式、微机式车轮定位仪（四轮定位仪），统称为车轮定位仪。这些设备是利用前轮旋转平面与各定位角间存在的直接或间接的关系进行测量的。

知识点三　四轮定位仪及检测原理

1. 车轮定位仪类型

目前，车轮定位仪的类型很多，主要包括气泡水准式、光学式、激光式、电子式和微机式等。

1）气泡水准式车轮定位仪，由于具有结构简单、价格低廉、便于携带等优点，在我国获得广泛应用，但是也有安装和测试费时费力等缺点。

2）光学式车轮定位仪通常由转盘、支架、车轮镜和投光装置等组成。投光装置（由投光器和投影屏组成）也像气泡水准式车轮定位仪一样安装在支架上，支架固定在轮辋上。该定位仪利用光学投影原理，将车轮纵向旋转平面与车轮定位的关系投射到带有指示刻度的投影屏上，从而测得车轮定位值。

3）激光式车轮定位仪的检测原理与光学式相同，只不过采用的是激光投影系统，因而在强烈的阳光下也能清楚地从投影屏读出测量数据。

4）电子式车轮定位仪则是在光学式和激光式的基础上，由投影屏刻度显示转变为显示屏数字显示。

5）微机式车轮定位仪比以上几种车轮定位仪先进，目前国内外生产的定位仪多以这种类型为主，也可称为四轮定位仪，可同时检测前后轮的定位参数，包括前轮前束、前轮外倾角、主销后倾角、主销内倾角、后轮前束、后轮外倾角、轴距、轮距、推力角和左右轴距差等。四轮定位仪由于采用微机技术和精密传感器测量技术，并具有完整齐全的配套附件，所以具有测量准确和操作简便等优点，下面主要介绍四轮定位仪及其检测原理。

目前使用的四轮定位仪主要有光学式和计算机式，它们的测量原理基本是一致的，但不同类型的四轮定位仪的使用方法有一定的差异，使用时应严格按照使用说明书的要求和方法进行操作。

如图 2-19 所示，计算机式四轮定位仪由主机、显示器、操作键盘、前后车轮检测传感器、传感器支架、转盘、遥控器、制动锁、转向盘锁及导线等零件组成，配有专用软件和数据光盘，记载着近十年来世界各地汽车四轮定位参数并且可以更新。

安装在车轮上的传感器把车轮定位角的几何关系转变成电信号，送入主机分析判断，然后由显示屏显示和打印机打印输出。在测试过程中，可通过操作全功能红外线遥控器，在汽车的任何位置实现远距离的测试控制。

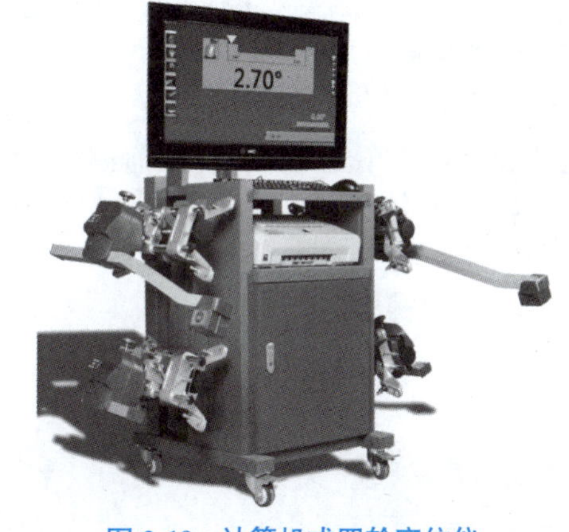

图 2-19　计算机式四轮定位仪

2. 四轮定位检测原理

四轮定位仪可检测项目包括车轮前束及前张角、车轮外倾角、主销后倾角、主销内倾角、转向 20° 时的前张角、推力角和左右轴距差等，见表 2-7。尽管四轮定位仪的类型多种多样，但它们的基本测量原理是一致的，只是采用的测量方法（或使用的传感器类型）及数据记录与传输的方式有所不同。

表 2-7　四轮定位的检测项目

序号	项目名称	序号	项目名称
1	转向轮前束值 / 角及前张角	9	转向轮外倾角
2	主销后倾角	10	主销内倾角
3	后轮前束值 / 角	11	后轮外倾角
4	轮距	12	轴距
5	转向 20° 时的前张角	13	推力角
6	轴距偏差	14	横向偏位
7	轨迹宽度偏差	15	轴偏位
8	轮轴偏移		

（1）前束、轴距差、推力角检测原理　为了提高测量精度，检测前，依四轮定位仪的类型，常通过拉线或光线照射及反射灯方式形成一封闭的直角四边形，如图 2-20 所示。检测时，应将车体摆正并使车轮处于直线行驶位置，通过安装在车轮上的传感器进行前束、轴距差和推力角的检测。安装在车轮上的传感器有不同的类型，现以光电晶体管式传感器为例说明其检测原理。

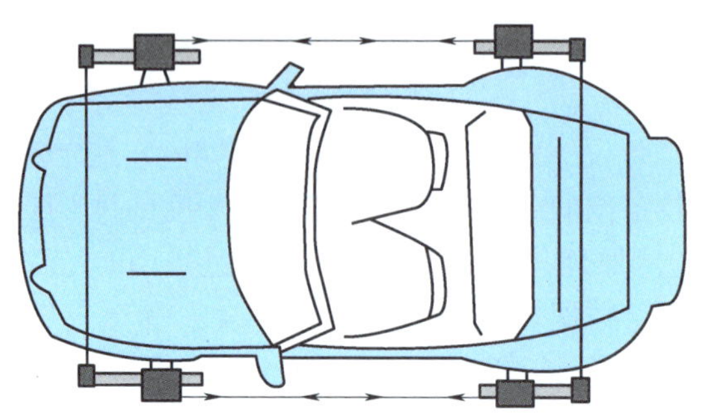

图 2-20　11 束光线形成封闭的四边形

安装在两前轮和两后轮上的光电晶体管式传感器（又称为定位校正头）均有光线的接收和发射（或反射）功能，在传感器的受光平面上等距离地将光电晶体管排成一排。在不同位置上，光电晶体管接收到光线照射时，其光电晶体管产生的电信号即可代表前束值（角）或左右轴距差或推力角的大小。

前束为零时，同一轴左右车轮上的传感器发射（或反射）出的光束应重合。当检测出上述两条光束相互平行但不重合时，说明左右两车轮不同轴，车轮发生了错位，依据光电晶体管发出的信息可测量出左右轮的轴距差。

当左右车轮存在前束时，在右轮传感器上接收到的位置会相对于原来的零点位置有一偏差，该偏差值即表示左侧车轮的前束值或前束角；同理，在左轮传感器上接收到的光束位置相对于原来零点的偏差值，则表示右侧车轮的前束值或前束角。其前束的检测原理图如图 2-21 所示，转向前轮和后轮前束的检测原理相同。

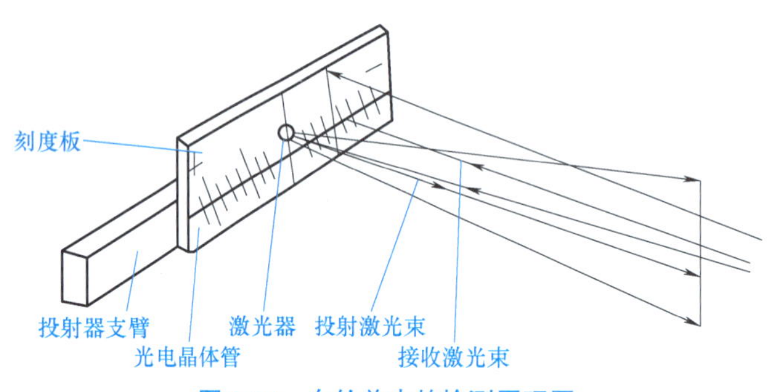

图 2-21　车轮前束的检测原理图

推力角的检测原理图如图 2-22 所示，若推力角 δ 为零，则前后轴同侧车轮上的传感器发射或接收的光束重合；若两条光束出现夹角而不重合，则说明推力角 δ 不为零。因此，可以通过安装在汽车前轮上的传感器接收到的同侧后轮传感器所发射光束相对于零点位置的偏差值检测汽车推力角 δ 的大小。

（2）车轮外倾角的检测原理　车轮外倾角可在车轮处于直线行驶位置时直接测得。在四轮定位仪上的传感器（定位校正头）内装有角度测量仪（如电子倾斜仪），把传感器装在车轮上，可直接测出车轮外倾角。

（3）主销后倾角和主销内倾角检测原理　主销后倾角和主销内倾角不能直接测出，通常是利用转向轮转动时建立的几何关系进行间接测量。主销后倾角可利用传感器内的角度测量仪，通过转向轮内转一定角度的和外转一定角度的两个位置时，测量转向轮平面倾角的变化量来间接测出。

主销内倾角可利用传感器的角度传感器，通过转向轮内转一定角度的和外转一定角度的两个位置时，测量转向节枢轴绕其轴线转动的角度来间接测出。

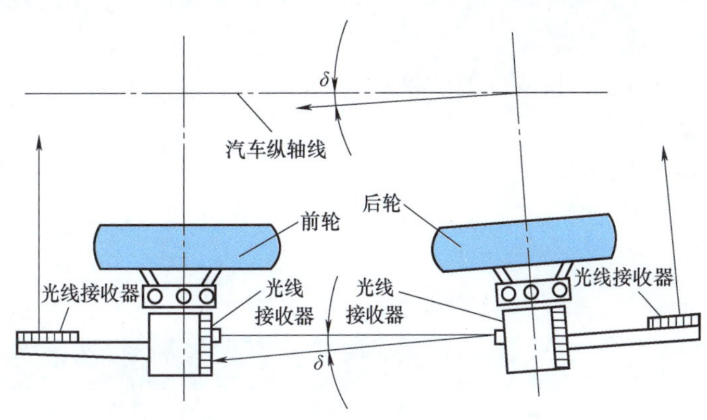

图 2-22 推力角的检测原理图

（4）转向 20° 时前张角的检测原理 检测前张角时，使被检车辆转向轮停在转角仪的转盘中心处，车轮处于直线行驶位置，转动转向盘使右转向轮向右转 20° 后，读取左转向轮下转盘上的刻度值 λ_1，则 $20°-\lambda_1$，即向右转向 20° 时的前张角；使左转向轮沿直线行驶方向向左转 20° 后，读取右转向轮下转盘上的刻度值 λ_2，则 $20°-\lambda_2$，即向左转向 20° 时的前张角。

【任务实施】

任务导入

结合任务描述中的情景，向张先生解释四轮定位检测的必要性，分析汽车行驶偏离道路的可能原因，并给出合理的建议。

步骤一：了解客户车辆的技术状况及驾驶行为习惯。

步骤二：正确描述汽车车轮定位参数及其作用。

步骤三：分析汽车行驶偏离道路的可能原因，并给出合理的建议。

四轮定位检测实训记录表见表 2-8。

表 2-8 四轮定位检测实训记录表

客户基本信息				
姓名	性别	驾龄	联系方式	备注
客户车辆的技术状况				
分析汽车行驶偏离道路的可能原因				
客户问题解答记录及建议				

步骤四：评价工作成果与学习成果。

此步骤是在资料的汇总与整理基础上进行任务总结，可以尝试回答以下问题：

1. 你设定的目标是否达成？
2. 客户是否认可你的解释，并接受你的建议？
3. 你认为还需掌握哪些知识？

任务评价

评价表见表 2-9。

表 2-9 评价表

评分项	评分子项目	评分细则	自我评价	小组评价	教师评价
纪律 （5 分）	1）不迟到 2）不早退 3）学习用品准备齐全 4）积极参与课程问题思考和回答 5）积极参与教学活动	未完成 1 项扣 1 分，扣分不得超过 5 分			
职业素养 （15 分）	1）勇于探索，实事求是 2）积极与他人合作 3）积极帮助他人 4）遵守礼仪礼节 5）做事态度严谨、认真 6）具备劳动精神，能主动做到场地的 6S 管理	未完成 1 项扣 5 分，扣分不得超过 15 分			
专业技能 （40 分）	1）正确描述汽车车轮定位参数及其作用 2）能够正确识别四轮定位仪的类型 3）能够根据检测结果给出车辆车轮定位状况的技术评价，并提出合理建议	未完成 1 项扣 10 分，扣分不得超过 40 分			
工具及设备的使用 （20 分）	1）能正确使用 iPad、计算机上的一些图片处理和视频拍摄软件 2）能正确使用谈判桌等场地工具	未完成 1 项扣 10 分，扣分不得超过 20 分			
任务工单填写 （20 分）	1）字迹清晰 2）语句通顺 3）无错别字 4）无涂改 5）无抄袭 6）内容完整 7）回答准确 8）有独到的见解	未完成 1 项扣 5 分，扣分不得超过 20 分			

【知识自测】

1. 填空题

1）车轮定位的检测有________检测法和________检测法。

2）前轮定位参数包括________、________、________和________。

2. 简答题

1）汽车应该具备什么转向特性？

2）试述四轮定位仪的操作步骤。

3）四轮定位仪能检测的项目有哪些？

【拓展提升】

查阅相关的资料，了解学习各类型四轮定位仪的使用方法，包括气泡水准式、光学式、激光式、电子式和微机式等，能够正确描述其检测原理及主要的检测步骤。

任务五　汽车制动性能检测

【任务描述】

王女士到4S店进行车辆维护，向接待人员反映其车辆制动不好，担心年检通不过，希望接待人员能给一个解决方案。作为一名售后经理，请你结合专业知识给王女士汽车的制动性能进行初步检查，并给出合理解决方案。

【任务目标】

通过本任务的学习，需要达成以下目标：

1. 掌握汽车制动性能评价指标，以及影响制动性能的因素。
2. 能够掌握汽车制动性能的标准要求及检测方法。
3. 能够分析汽车制动性能不合格的原因。
4. 养成良好的心理素质和克服困难的能力。
5. 养成勇于探索、实事求是的职业素养。
6. 培养大国工匠精神，做到精益求精，追求极致。

【任务分析】

通过本任务的学习，可以掌握汽车的制动性能影响因素，熟知汽车制动性能的标准要求及检测方法。

要完成本学习任务，可以按照以下流程进行：

1）学习“汽车制动性能评价指标”“汽车制动性能的标准要求”“汽车制动性能检测方法”“汽车制动性能的影响因素”等知识点。

2）分析GB 7258—2017《机动车运行安全技术条件》、GB 38900—2020《机动车安全技术检验项目和方法》等国家标准，了解汽车制动性能的检测方法和检测设备。

3）了解客户用车环境及驾驶行为习惯，分析汽车制动性能不合格的可能原因。

4）解答客户疑问，给出合理建议，消除客户的疑虑。

完成本任务所需的知识详见后续知识准备中的各知识点。

【知识准备】

知识点一　汽车制动性能评价指标

汽车制动性指行驶中的汽车可在短距离内迅速停下，同时保证方向的稳定性，并且在上坡时可保持长时间停驻，下长坡时可维持安全车速的一系列能力。汽车的制动性直接关系着汽车的行车安全，只有在保证行车安全的前提下，才能充分发挥汽车的其他使用性能。汽车的制动性主要从制动效能、制动效能恒定性和制动稳定性三个方面来评价。

1. 汽车的制动效能

制动效能是评价汽车制动性能最为基本的一项指标，指汽车的行驶速度迅速减慢，直到停下来的能力，即汽车制动时的减速度或以一定初速度制动至汽车停下时的制动距离。评价制动效能的指标有制动距离、制动减速度、制动时间、制动力和车轮阻滞力。

（1）制动距离　制动距离是指汽车在一定的初速度下制动，从脚接触制动踏板（或手触动制动手柄）时起至车辆停住时止，汽车所驶过的距离。它包括制动系统反应时间、制动减速度上升时间和以最大稳定减速度持续制动的时间内经过的全过程汽车行驶的距离。

汽车制动系统调整的好坏、制动系统反应时间的长短、制动力上升的快慢及制动力使汽车产生减速度的大小等，均包含在制动距离指标中。它作为综合的制动性能指标，被大多数国家评价制动性能所采用。

制动距离是评价汽车制动性能最直观的指标。从行车安全的角度来看，在行车中，当遇到某些需要减速或需要采取紧急制动措施的情况时，汽车能在较短的距离内停下来，可以认为该车的制动性能良好。制动距离是一个反映整车制动性能的指标，它不能反映出各车轮的制动状况及制动力的分配情况。当制动距离较长时，也不能反映出汽车制动系统的具体故障。

（2）制动减速度　制动减速度是表征汽车制动效能的重要特性参数，因瞬时减速度波动较大，通常用平均减速度值来评价汽车制动性能。

GB 7258—2017《机动车运行安全技术条件》规定用充分发出的平均减速度（MFDD）作为评价制动性的检测参数。充分发出的平均减速度（*MFDD*），是在车辆制动试验中，用速度计测得在制动过程中汽车的速度和驶过的距离的情况下，以速度 v_b 降至 v_e 之间汽车行驶的距离，根据下列公式计算的平均减速度为

$$MFDD=\frac{v_b^2-v_e^2}{25.92(S_e-S_b)}$$

式中　*MFDD*——充分发出的平均减速度，单位为 m/s^2；

v_0——试验车制动初速度，单位为 km/h；

v_b——$0.8v_0$，试验车速，单位为 km/h；

v_e——$0.1v_0$，试验车速，单位为 km/h；

S_e——试验车速从 v_0~v_b 之间汽车行驶的距离，单位为 m；

S_b——试验车速从 v_0~v_e 之间汽车行驶的距离，单位为 m。

（3）制动时间　制动全过程包括制动系统反应、制动减速度上升、在最大减速度下续制动、制动释放四个阶段。制动时间也是评价车辆制动性能好坏的指标之一，其中主要是持续制动时间；制动系统反应时间的长短，可反映出制动系统调整的状况；制动力（或制动减速度）上升时间的长短，可以反映出制动力（或制动减速度）上升的快慢，从而间接地反映出制动性能的优劣；制动释放时间，可以反映从松开制动踏板到制动完全消除所需要的时间，从而看出制动释放是否满足使用要求。其中，制动系统反应时间和制动减速度上升时间之和，称为制动协调时间。

制动时间是一个间接评价制动性能的指标，通常很少将它作为一个单独的参数来评价的制动性能，但作为一个辅助的评价指标，有时不可缺少。

（4）制动力　制动力是使汽车强制减速以致停车的最本质因素，它能全面地评价汽车的制动性能。用制动力这一指标来评价车辆的制动性能，不仅可以规定整车制动力的大小，而且还可对前后轴制动力的合理分配及每轴两轮平衡制动力差提出要求，从而保证车辆各轮制动效能良好，并且可使各轮的附着重量得到合理的发挥。为了较全面地检验车辆的制动性能、用制动力作为评价指标时，在规定了制动力的大小、制动力的合理分配及平衡制动力差的同时，还要规定制动协调时间。

（5）车轮阻滞力　在行车中，踩下制动踏板使用制动后，再抬起制动踏板，不能迅速解除制动的现象称为制动拖滞。车轮阻滞力是导致车辆制动拖滞的原因。

制动拖滞将影响随后的起步，严重时会导致制动系统损坏，特别是制动器过热、制动蹄片烧蚀，降低汽车的制动性能。因此，将车轮阻滞力也列入评价指标。

2. 制动效能恒定性

制动效能恒定性是指抵抗制动效能的热衰退和水衰退能力。

（1）抗热衰退性能　汽车制动抗热衰退性能是指汽车高速制动、短时间重复制动或下坡连续制动时制动效能的热稳定性。制动过程实际上就是制动器产生摩擦阻力的过程。制动过程中制动器温度不断升高，制动器摩擦因数下降，制动器摩擦阻力矩减小，从而使制动能力下降，这种现象称为热衰退现象。因此，可以用制动器处于热状态时能否保持冷状态时的制动效能来评价汽车制动抗热衰退性能。制动抗热衰退性是衡量制动效能恒定性的一个指标。随着高速公路的发展及汽车车速的提高，汽车制动性能的恒定性要求也越来越高，但由于测试方法较复杂，在一般汽车综合检测站较难实施，对于在用汽车也无须检测制动抗热衰退性。

（2）抗水衰退性能　水衰退性能是指制动器摩擦表面浸水使制动效能下降的现象。制动器摩擦表面浸水后由于水的润滑作用使摩擦系数下降，从而导致制动器制动效能降低。

水衰退的程度可用制动器浸水后的制动效能与浸水前的制动效能的比值（%）表征。若水衰退发生在汽车一侧车轮制动器上，就将造成左右车轮制动力不等，进而恶化汽车制动时的方向稳定性。

汽车制动时产生的热量可使制动器摩擦片干燥。因此，为了保证安全，汽车涉水后踩几脚制动踏板，制动蹄与制动鼓发生摩擦产生热量，可使制动器迅速干燥，恢复正常。

3. 制动稳定性

汽车制动稳定性是指在制动过程中，汽车按驾驶人给定的轨迹行驶的能力，即维持直线行驶或按预定弯道行驶的能力。在制动过程中会出现因制动跑偏、侧滑或失去转向能力而导致车失控、偏离原来的行驶方向，从而引发严重的交通事故。

（1）制动跑偏　制动跑偏是指汽车在制动时车轮自动向左右两侧进行偏转，或者自动偏向一侧行驶的现象。在制动过程中，左、右轮地面制动力增大的快慢不一致，左、右车轮地面制动力不等，特别是转向轮，是产生制动跑偏的主要原因。

（2）制动侧滑　侧滑是指行驶的汽车在制动时，汽车轴由于受力而发生横向滑移的现象。侧滑与跑偏是有联系的，严重跑偏有时会引起后轴侧滑，易于发生侧滑的车辆也有加剧跑偏的趋势。制动时发生侧滑，特别是后轴侧滑，会引起汽车偏转，严重时可使汽车掉头。

（3）转向能力的丧失　转向能力的丧失是指弯道制动时汽车不再按原来的弯道行驶而是沿弯道切线方向驶出，以及直线行驶转动转向盘时汽车仍按直线方向行驶的现象。当前轮抱死或前轮先于后轮抱死时，前轮的横向附着系数为零，不能产生任何地面侧向反作用力，汽车因而丧失了转向能力。

制动稳定性通常用制动时按给定轨迹行驶的能力来评价。在国际上，通常是规定汽车直线行驶，在一定的速度下制动时，不偏离规定的试车通道来评价。

知识点二　汽车制动性能的标准要求

GB 7258—2017《机动车运行安全技术条件》规定了汽车路试检验制动性能和台试检验制动性能的要求。

1. 路试检验制动性能

（1）用制动距离检验行车制动性能　机动车在规定的初速度下的制动距离和制动稳定性要求应符合表 2-10 的规定。对空载检验的制动距离有质疑时，可用表 2-10 规定的满载检验制动距离要求进行。

制动距离：是指机动车在规定的初速度下急踩制动时，从脚接触制动踏板（或手触动制动手柄）时起至机动车停住时止机动车驶过的距离。

制动稳定性要求：是指制动过程中机动车的任何部位（不计入车宽的部位除外）不超出规定宽度的试验通道的边缘线。

表 2-10　制动距离和制动稳定性要求

机动车类型	制动初速度 /（km/h）	空载检验制动距离要求 /m	满载检验制动距离要求 /m	试验通道宽度 /m
三轮汽车	20	≤ 5.0		2.5
乘用车	50	≤ 19.0	≤ 20.0	2.5
总质量小于或等于 3500kg 的低速货车	30	≤ 8.0	≤ 9.0	2.5
其他总质量小于或等于 3500kg 的汽车	50	≤ 21.0	≤ 22.0	2.5
铰接客车、铰接式无轨电车、汽车列车（乘用车列车除外）	30	≤ 9.5	≤ 10.5	3.0[a]
其他汽车、乘用车列车	30	≤ 9.0	≤ 10.0	3.0[a]

[a] 对车宽大于 2.55m 的汽车和汽车列车，其试验通道宽度（单位：m）为“车宽（m）+0.5”。

（2）用充分发出的平均减速度检验行车制动性能　汽车、汽车列车在规定的初速度下急踩制动时充分发出的平均减速度及制动稳定性要求应符合表 2-11 的规定，且制动协调时间对液压制动的汽车应小于或等于 0.35s，对气压制动的汽车应小于或等于 0.60s，对汽车列车、铰接客车和铰接式无轨电车应小于或等于 0.80s。对空载检验的充分发出的平均减速度有质疑时，可用表 2-11 规定的满载检验充分发出的平均减速度进行。

制动协调时间：是指在急踩制动时，从脚接触制动踏板（或手触动制动手柄）时起至机动车减速度（或制动力）达到表 2-11 规定的机动车充分发出的平均减速度的 75% 时所需的时间。

表 2-11　制动减速度和制动稳定性要求

机动车类型	制动初速度 /（km/h）	空载检验充分发出的平均减速度 /（m/s^2）	满载检验充分发出的平均减速度 /（m/s^2）	试验通道宽度 /m
三轮汽车	20	≥ 3.8		2.5
乘用车	50	≥ 6.2	≥ 5.9	2.5
总质量小于或等于 3500kg 的低速货车	30	≥ 5.6	≥ 5.2	2.5
其他总质量小于或等于 3500kg 的汽车	50	≥ 5.8	≥ 5.4	2.5
铰接客车、铰接式无轨电车、汽车列车（乘用车列车除外）	30	≥ 5.0	≥ 4.5	3.0[a]
其他汽车、乘用车列车	30	≥ 5.4	≥ 5.0	3.0[a]

[a] 对车宽大于 2.55m 的汽车和汽车列车，其试验通道宽度（单位：m）为“车宽（m）+0.5”。

（3）合格判定要求　汽车、汽车列车的路试行车制动性能如符合表 2-10 或表 2-11，即为合格。

2. 台试检验制动性能

（1）制动力百分比要求　汽车、汽车列车在制动检验台上测出的制动力应符合表 2-12 的要求。对空载检验制动力有质疑时，可用表 2-12 规定的满载检验制动力要求进行检验。使用转鼓试验台检测时，可通过测得制动减速度值计算得到最大制动力。

表 2-12　台试检验制动力要求

机动车类型	制动力总和与整车重量的百分比		轴制动力与轴荷[a]的百分比	
	空载	满载	前轴[b]	后轴[b]
三轮汽车	—	—	—	≥ 60[c]
乘用车、其他总质量小于或等于 3500kg 的汽车	≥ 60	≥ 50	≥ 60[c]	≥ 20[c]

（续）

机动车类型	制动力总和与整车重量的百分比		轴制动力与轴荷[a]的百分比	
	空载	满载	前轴[b]	后轴[b]
铰接客车、铰接式无轨电车、汽车列车	≥ 55	≥ 45	—	—
其他汽车	≥ 60[d]	≥ 50	≥ 60[c]	≥ 50[e]

[a] 用平板制动检验台检验乘用车、其他总质量小于或等于 3500kg 的汽车时应按左右轮制动力最大时刻所分别对应的左右轮动态轮荷之和计算。

[b] 机动车（单车）纵向中心线中心位置以前的轴为前轴，其他轴为后轴；挂车的所有车轴均按后轴计算；用平板制动试验台测试并装轴制动力时，并装轴可视为一轴。

[c] 空载和满载状态下测试均应满足此要求。

[d] 对总质量小于或等于整备质量的 1.2 倍的专项作业车应大于或等于 50%。

[e] 满载测试时后轴制动力百分比不做要求；空载用平板制动检验台检验时应大于或等于 35%；总质量大于 3500kg 的客车，空载用反力滚筒式制动试验台测试时应大于或等于 40%，用平板制动检验台检验时应大于或等于 30%。

（2）制动力平衡要求　在制动力增长全过程中同时测得的左右轮制动力差的最大值，与全过程中测得的该轴左右轮最大制动力中大者（当后轴制动力小于该轴轴荷的 60% 时为与该轴轴荷）之比，对新注册车和在用车应分别符合表 2-13 的要求。

表 2-13　台试检验制动力平衡要求

	前轴	后轴	
		轴制动力大于或等于该轴轴荷 60% 时	制动力小于该轴轴荷 60% 时
新注册车	≤ 20%	≤ 24%	≤ 8%
在用车	≤ 24%	≤ 30%	≤ 10%

（3）制动协调时间要求　汽车的制动协调时间，对液压制动的汽车应小于或等于 0.35s，对气压制动的汽车应小于或等于 0.60s；铰接客车、铰接式无轨电车的制动协调时间应小于或等于 0.80s。

（4）车轮阻滞率要求　进行制动力检验时，汽车、汽车列车各车轮的阻滞力均应小于或等于轮荷的 10%。

（5）合格判定要求　台试检验汽车、汽车列车行车制动性能时，检验结果同时满足制动力百分比要求、制动力平衡要求、制动协调时间要求、车轮阻滞率要求的，方为合格。

知识点三　汽车制动性能检测方法

GB 38900—2020《机动车安全技术检验项目和方法》规定了汽车制动性能的检测方法。

1. 路试制动性能检测

1）路试制动性能检测应在纵向坡度不大于 1%、轮胎与地面间的附着系数不小于 0.7 的硬实、清洁、干燥的水泥或沥青路面上进行。检验前应对检验场地进行安全检查，并采取必要的防护及封闭措施，确保检验过程的安全。检验时车辆变速器应置于空档（对自动变速器车辆应位于 D 位）。

2）对于线轴结构半挂车、静态轴荷大于或等于 11500kg 的汽车等不适用于制动检验台检验的车辆，用制动距离或者 MFDD 和制动协调时间判定制动性能。有疑问时应安装踏板力计，检查达到规定制动效能时的制动踏板力是否符合标准。

3）在试验路面上，按照 GB 7258—2017 划出规定的试车道的边线（对于采用自动定位装置记录被测车辆行驶轨迹、能自动判定车辆有无驶出虚拟车道边线的，可不施划实际试车道的边线），被测车辆沿着试车道的中线行驶。使用便携式制动性能测试仪等设备进行测试时，行驶至规定初速度后，置变速器于空档（对自动变速器车辆可位于 D 位），急踩制动（制动过程中不应转动转向盘），使车辆停止，测量 MFDD 和制动协调时间，并检查车辆有无驶出车道边线；当使用非接触式速度仪等设备进行测试时，行驶至高于规定的初速度后，置变速器于空档（对自动变速器车辆位于 D 位），滑行到规定的初速度时，急踩制动，使车辆停止，测量车辆的制动距离，检查车辆有无驶出车道边线。

4）对已在制动检验台上检验过的车辆，制动不平衡率及前轴制动率符合要求，但整车制动率未达到合格要求，用便携式制动性能测试仪等设备检测，对于小（微）型载客汽车及其他总质量不大于 3500kg 的汽车的制动初速度应不低于 30km/h，对于其他汽车、汽车列车及无轨电车，制动初速度应不低于 20km/h，急踩制动后测取 MFDD 及制动协调时间。

2. 台试制动性能检测

用台试法检测制动性能不受外界条件的限制，重复性较好，能定量测得各轮的制动全过程，有利于分析前、后轴制动力的分配及每轴制动力的平衡状态、制动协调时间等参数，给故障诊断提供可靠依据。所以，台试法已成为汽车诊断与检验的发展方向，在国内外获得了广泛应用，但台试法需要大型设备与厂房，需要检测车辆各轮的制动力，每轴左、右轮在制动力增长全过程中的制动力差，制动协调时间，车轮阻滞力和驻车制动力等参数值，并记录车轮是否抱死。

下面以反力式滚筒制动试验台为例说明台试制动性能检测方法。

1）检验前仪器及车辆准备：检验台滚筒表面清洁，无异物及油污，仪表清零；车辆轮胎气压、花纹深度符合标准规定，胎面清洁；将踏板力计装到制动踏板上，如图 2-23 所示。

图 2-23　反力式滚筒制动试验台

2）检验程序：车辆正直居中驶入，将被测轮停放在制动台前后滚筒间，变速器置于空档；降下举升器、起动电动机 2s 后，保持一定采样时间（5s），测得阻滞力；检验员在显示屏提示踩制动踏板后，缓踩制动踏板到底后松开，测得左、右轮制动增长全过程数值；若检验驻车制动，则拉紧驻车制动操纵装置，测得驻车制动力数值，电动机停转，举升器升起，被测轮驶离。按以上程序依此测试其他车轴；卸下踏板力计，车辆驶离。

3）注意事项：车辆进入检验台时，轮胎不得夹有泥、砂等杂物，除驾驶人外不得有其他乘员；测制动时不得转动转向盘；在制动检验时，车轮如在滚筒上抱死，制动力未达到要求时，可换用路试或其他方法检验。

知识点四　汽车制动性能的影响因素

1. 汽车轮胎的影响

（1）轮胎压力的影响　汽车制动的关键部位就是轮胎，轮胎的压力对阻滞力有着很大的影响。当轮胎气压低时，轮胎相对于制动试验台表面的接触面增加，就会造成滚动时的滞后损失增加，从而滚动阻力增大，对应的车轮阻力也增大；当轮胎压力高时，反之亦然。

在制动过程中，轮胎会产生下沉的变换，这个变换将改变车轮的半径。轮胎的压力越低，那么对应的与滚筒之间的接触变形也越大，动力半径变小，这增加了制动力的检测值。如果轮胎压力太大，车轮的动态半径略有增加，制动力的检测值降低。当左右车轮之间的压力不同时，车轮与鼓表面之间的最大附着系数也会有所不同。当使用制动器时，首先会锁定轮胎的一侧，从而影响制动力平衡的结果。

（2）轮胎与地面之间摩擦力对制动性能的影响　轮胎的面积大，自然和地面接触面积加大，那么能够提高抓地力，但是对制动的性能要求也提高。摩擦面积越大，也会带来更大的制动噪声及阻力，对于汽车而言，也会产生更大的噪声及油耗。

（3）轮胎橡胶材料的影响　轮胎的主要成分是橡胶，根据橡胶不同的成分以及质量使与地面之间的摩擦力也有所不同，对汽车制动性能的影响效果也不同。

（4）轮胎花纹的影响　轮胎的花纹，大大提高了汽车行驶的安全性。对于制动而言，增加了汽车与地面之间的摩擦力，使汽车运行更稳定。摩擦力加强的同时，汽车在处于加速状态和拐弯时，能够起到很好的保护作用。在下雨天，轮胎花纹相对于光滑的轮胎而言，能够增大摩擦力，而且还可以起到排水的作用。

2. 道路条件的影响

道路的附着系数 φ 限制了最大制动力，所以它对汽车的制动性有很大的影响。当制动的初速度相同时，随着 φ 值的减小，制动距离随之增加。由于冰雪路面上的附着系数特别小，因此，制动距离增大。特别要注意冰雪坡道上的车辆，应充分利用发动机制动。在冰雪路面上制动时方向稳定性变坏，当车轮被制动到抱死时，侧滑的危险程度将更大。汽车在冰雪路面上行驶时，最好应加装防滑链。

3. 制动器的影响

汽车制动器分为鼓式和盘式，结构上的不同决定着它们的制动效率也不相同，如图 2-24 所示。鼓式制动器中，车轮制动鼓半径和制动器张力相同的条件下，制动器所能产生的制动力矩也大。如果当制动器摩擦副的摩擦系数下降时制动力矩也将随着明显下降。汽车车轮制动器的技术状况也受维修维护和使用状况的影响，如制动器摩擦片与制动鼓的接触面积接触不均匀时，将显著降低制动摩擦力矩。如摩擦片表面不干净，有水、油、污泥等杂物时，则摩擦系数将减小。

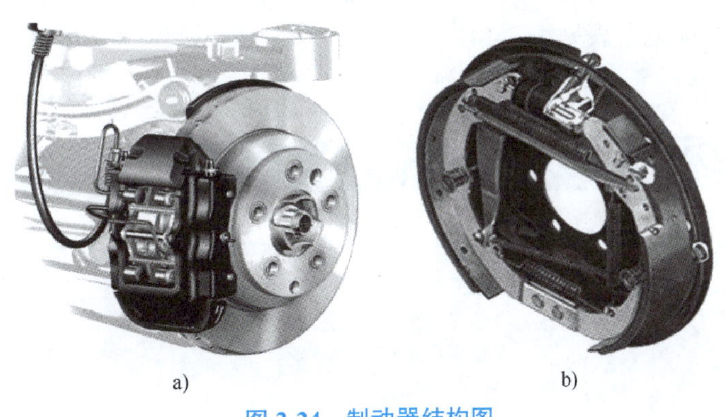

a)　　b)

图 2-24　制动器结构图

a）盘式　b）鼓式

4. 制动初速度的影响

制动初速度是指汽车还没踩制动踏板之前车辆的速度，一般来说，速度越快，车辆完全停下来需要的时间就越长，制动距离也就越长。汽车制动初速度越高，通过制动器所能转化产生的热量也越多，从而导致车轮制动器的温度也越高。制动器中的蹄片摩擦系数会跟随着温度的升高而降低，最终导致汽车制动力显著减小，制动时的距离明显延长。

5. 汽车载质量的影响

对于载质量较大的汽车，因前、后轮的制动器设计一般不能保证在任何道路条件下都使其制动力同时达到附着极限，所以汽车的制动距离就会由于载质量的不同而发生差异。实践证明，对于载质量为 3t 以上的汽车，大约载质量每增加 1t，其制动距离平均要增加 1.0m。即使是同一辆汽车，在装载质量和方式不同时，由于重心位置变动，也会影响汽车的制动距离。

6. 轴间负荷分配的影响

汽车的制动性与汽车的结构有着很大的关系，尤其是底盘系统。当汽车制动时，它后轴承受的负荷减小，前轴承受的负荷增大。汽车的前后轮制动器制动力，如果按照轴间变化分配负荷的理想条件，则它前后轮会同时抱死。如果汽车前后轮制动力不会按附着系数的变化而进行调整时，得到的结果是前轮先开始滑移，或者后轮开始滑移。当前轮发生滑移时，汽车不能改变行驶的方向，汽车丧失了操纵性；当后轮发生滑移时，汽车有可能发生甩尾，而失去稳定性。

7. 驾驶技术的影响

驾驶技术对汽车制动性有很大影响。制动时，如能保持车轮接近抱死而未抱死的状态，便可获得最佳的制动效果。经验证明，在制动时，如迅速交替地踩下和放松制动踏板，即可提高其制动效果。因为，此时车轮边滚边滑，轮胎着地部分不断变换，所以可避免由于轮胎局部剧烈发热胎面温度上升而降低制动效果。在紧急制动时，驾驶人如能急速踩下制动踏板，则制动系统的协调时间将缩短，从而缩短制动距离。在光滑路面上不可猛烈踩制动踏板，以免因制动力过大而超过附着极限，导致汽车侧滑。

【任务实施】

任务导入

汽车制动能力的强弱是衡量汽车安全性的关键性指标，良好的汽车制动性能可以在汽车发生紧急状况时，及时地将汽车停止下来，避免发生较大的安全事故。汽车制动性能被列为汽车运行安全检测的必检项目。下面，就结合任务描述中的情景，对客户汽车的制动性能进行初步检查；分析制动性能不合格原因，并给出合理的解决方案。建议按以下行动过程来完成任务：

步骤一：了解客户车辆的技术状况。

步骤二：初步检测客户车辆的制动性能。

步骤三：分析制动性能不合格的原因，并给出合理的解决方案。

汽车制动性能检测实训记录表见表 2-14。

表 2-14　汽车制动性能检测实训记录表

客户基本信息				
姓名	性别	驾龄	联系方式	备注
客户车辆的技术状况				
初步检测客户车辆的制动性能				
分析制动性能的原因，并给出合理的解决方案				

步骤四：评价工作成果与学习成果。

此步骤是在资料的汇总与整理基础上进行任务总结，可以尝试回答以下问题：

1. 你设定的目标是否达成？
2. 能否分析制动性能不合格的原因，并给出合理的解决方案？
3. 王女士是否满意你的解决方案？
4. 你认为还需掌握哪些知识？

任务评价

评价表见表 2-15。

表 2-15　评价表

评分项	评分子项目	评分细则	自我评价	小组评价	教师评价
纪律 （5 分）	1）不迟到 2）不早退 3）学习用品准备齐全 4）积极参与课程问题思考和回答 5）积极参与教学活动	未完成 1 项扣 1 分，扣分不得超过 5 分			
职业素养 （15 分）	1）勇于探索，实事求是 2）积极与他人合作 3）积极帮助他人 4）遵守礼仪礼节 5）做事态度严谨、认真 6）具备劳动精神，能主动做到场地的 6S 管理	未完成 1 项扣 5 分，扣分不得超过 15 分			
专业技能 （40 分）	1）能熟知汽车制动性能的评价指标 2）能够掌握汽车制动性能的标准要求及检测方法 3）能分析汽车制动性能不合格的原因 4）能掌握汽车的制动性能影响因素	未完成 1 项扣 10 分，扣分不得超过 40 分			
工具及设备的使用 （20 分）	1）能正确使用 iPad、计算机上的一些图片处理和视频拍摄软件 2）能正确使用谈判桌等场地工具 3）能正确使用检测设备	未完成 1 项扣 10 分，扣分不得超过 20 分			
任务工单填写 （20 分）	1）字迹清晰 2）语句通顺 3）无错别字 4）无涂改 5）无抄袭 6）内容完整 7）回答准确 8）有独到的见解	未完成 1 项扣 5 分，扣分不得超过 20 分			

【知识自测】

1. 填空题

1）汽车的制动性主要从________、________和________三个方面来评价。

2）汽车制动性能检测方法有________检测和________检测。

2. 简答题

1）哪些因素会影响汽车的制动距离？

2）对常见家庭用轿车的制动性能有哪些要求？

3）试述汽车制动性能检测的步骤。

4）制动性能台试检测项目有哪些？

【拓展提升】

1）阅读 GB 38900—2020《机动车安全技术检验项目和方法》，并查阅相关资料，了解台试空载制动检验、加载制动检验及制动性能参数计算。

2）查阅相关资料，了解汽车制动器的结构，对比鼓式制动器与盘式制动器的优缺点。

项目三

汽车的经济性与检测

【项目导入】

汽车的经济性指汽车以最低的消耗费用完成运输工作的能力。在汽车使用中，汽车能耗费用、维修费用和折旧费用是汽车使用成本的主要组成部分。汽车能耗费用主要指传统汽车的燃油经济性和电动汽车的电能消耗经济。

为了更好地完成教学目标，达成教学效果，本项目针对传统汽车燃油经济性和电动汽车能耗经济设计了两大典型的工作任务。

项目知识导图：

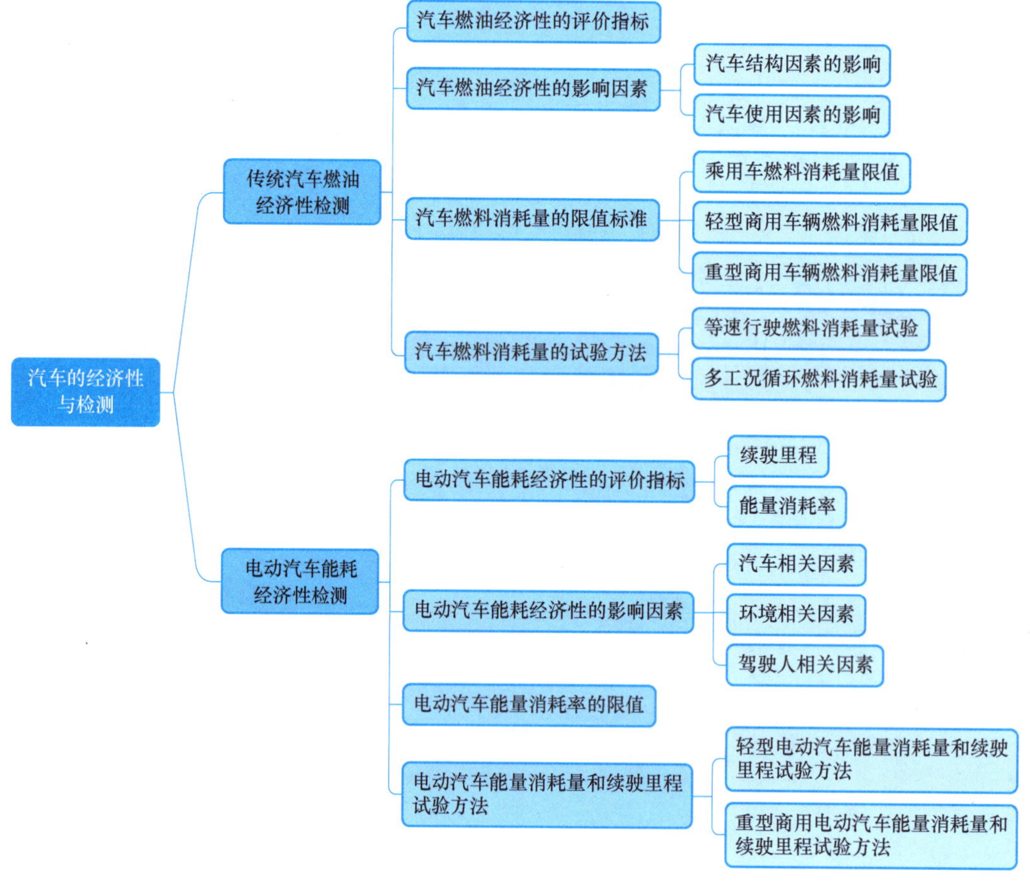

任务一　传统汽车燃油经济性检测

【任务描述】

传统汽车燃油经济性检测的任务是全面评估车辆在多种行驶条件下的燃油消耗效率。这一过程旨在通过科学的方法和精密的仪器，测量并记录车辆在不同速度、负载及路况下的燃油消耗量，从而准确计算出其燃油经济性指标。检测任务不仅包括在控制条件下的实验室测试，如等速行驶燃油消耗量测试，还涵盖模拟实际道路行驶的多工况测试，以确保结果的全面性和可靠性。通过这些检测，汽车制造商可以优化车辆设计，提升燃油效率；而消费者也能获得关于车辆燃油经济性的准确信息，为购车决策提供有力参考，并经济合理地使用车辆。同时，这也是推动汽车行业节能减排、实现可持续发展的重要一环。

王女士在4S店购买了一辆汽车，据销售经理介绍该车的WLTC综合工况油耗为5.41L/100km，最近王女士发现汽车仪表上显示车辆平均油耗为9.4L/100km，认为汽车存在故障，要求4S店对汽车进行检查。经过交流，王女士的车辆主要用于上下班和接送孩子上学，经常在拥堵路段行驶。作为一名售后经理，请你分析王女士车辆油耗偏高的原因，并结合专业知识给王女士提出降低燃油消耗的合理建议。

【任务目标】

通过本任务的学习，需要达成以下目标：

1. 掌握传统汽车燃油经济性的评价指标。
2. 了解汽车燃料消耗量的限值标准及检测标准。
3. 熟知汽车经济性的影响因素。
4. 能够正确分析汽车燃料消耗量偏高的原因。
5. 能提出降低燃油消耗的合理建议。
6. 树立节约能源的意识，养成文明开车的良好行为习惯。
7. 养成良好的心理素质和克服困难的能力。
8. 养成勇于探索、实事求是的职业素养。

【任务分析】

通过本任务的学习，可以掌握汽车燃油经济性的评价指标，进一步理解汽车燃料消耗量的限值标准及检测标准，熟悉汽车经济性的影响因素。

要完成本学习任务，可以按照以下流程进行：

1）学习“汽车燃油经济性的评价指标”“汽车燃油经济性的影响因素”“汽车燃料消耗量的限值标准”“汽车燃料消耗量的试验方法”等知识点。

2）熟悉GB 19578—2021《乘用车燃料消耗量限值》、GB 20997—2015《轻型商用车辆燃料消耗量限值》、GB 30510—2018《重型商用车辆燃料消耗量限值》等国家标准，及相对应的检测标准，了解汽车燃油经济性的检测方法和检测设备。

3）了解客户用车环境及驾驶行为习惯，分析车辆油耗偏高的原因。

4）给出降低燃油消耗的合理建议，消除客户的疑虑。

完成本任务所需的知识详见后续知识准备中的各知识点。

【知识准备】

知识点一　汽车燃油经济性的评价指标

自 1993 年开始，我国已成为石油净进口国，且进口量逐年增加，石油对外依赖程度越来越大。目前，我国已经是世界第一大石油进口国。随着经济的快速发展，石油消耗也随之增长。为降低汽车的使用费用、减少国家对进口石油的依赖性，同时降低发动机 CO_2 的排放量，满足国家有关排放标准，必须提高汽车的燃油经济性，节约燃油消耗。

汽车的燃油经济性是指以最小的燃油消耗量完成单位运输工作的能力，通常用汽车在特定行驶工况下行驶一定里程的燃油消耗量或一定燃油量能使汽车行驶的里程来衡量。中国和欧洲采用汽车行驶 100km 所消耗的燃油量，即百公里的燃油消耗量（L/100km）来评价汽车的燃油经济性，数值越小，汽车的燃油经济性越好。美国和加拿大等国家采用每加仑燃油能使汽车行驶的英里数（MPG）来评价汽车的燃油经济性，数值越大，汽车的燃油经济性越好。

知识点二　汽车燃油经济性的影响因素

汽车的结构和汽车的使用影响汽车的燃油经济性。

1. 汽车结构因素的影响

（1）发动机的技术　发动机技术对汽车燃油经济性起到关键性的作用，汽车主要影响因素有压缩比、燃料供给和功率利用率等方面。采用不同的新技术对燃油经济性的效果是不同的。

汽车发动机的热效率随压缩比的增加而增加，所以发动机的压缩比越大其产生的动力效能就越高，汽车的燃油经济性就越好。因此，在容许的条件和范围内尽可能地提高压缩比，可以改善汽车的燃油经济性。燃料供给方面，燃料的汽化、雾化程度，与空气的混合比例，都会对燃料燃烧、产生热效率有很大影响。所以改进喷射系统、汽化器、燃烧室、进排气系统等部件的设计，保证燃料良好的汽化与雾化以及与空气的均匀混合是很重要的。另一个对燃油经济性影响比较大的就是发动机的功率以及利用率，通常情况下发动机在 60%~80% 负荷范围内，经济性是最高的，当发动机负荷减小时，其燃油消耗量将会增加。发动机的类型对汽车燃油经济性的影响也是很大的。采用柴油发动机的货车，其燃油消耗量可以比汽化器式发动机降低约 30%~40%。所以，扩大柴油机的应用范围是改善汽车燃油经济性的主要途径之一。此外，采用电子计算机控制技术，也会进一步改善燃油经济性。

（2）传动系统的效率　在汽车传动系统方面，对燃油消耗的影响主要取决于传动系统效率、变速器档数与传动比，有效提高传动系数，损失在传动系统的能量就会减少，所以燃油经济性也就越好。

在变速器的档位与传动比上，汽车行驶中的发动机功率虽然与变速器档位没有关系，但是发动机转速会随着档位的变化而改变。在汽车保持一定的速度下，条件允许使用高档位时，传动比就会比使用低档位时小，发动机转速就会降低，在同等负荷的情况下，单位燃油消耗量就会减少。

适当增加变速器档数，则会越容易让发动机保持在最经济工况下工作，因而经济性就会越好。如果变速器档数增加为无限时，也就是人们所说的无级变速，就有了在任何情况下发动机都能保持在最经济工况下工作的可能，而无级变速器如果能保持高机械效率，则将会显著提升燃油经济性。

（3）汽车的外形　汽车外形影响燃油经济性主要表现在汽车高速行驶时的空气阻力。当汽车行驶速度不高时，空气阻力对汽车的燃料消耗影响不大，但当车速超过 50km/h 时，空气阻力对汽车燃料经济性的影响逐步加大。为克服空气阻力而消耗的发动机功率与汽车行驶速度的 3 次方成正比。因此，改善车身流线型，降低空气阻力系数，可以提高燃油经济性。作为汽车使用者，不在车顶安装行李架，货车装载品用篷布盖好，高速行驶时不打开车窗等措施都能降低空气阻力系数。

（4）汽车的整车质量 汽车行驶时，汽车功率消耗与汽车行驶阻力有关。除空气阻力外，其他阻力都与汽车整车质量有关，汽车整车质量影响汽车的滚动阻力、上坡阻力和加速阻力，对汽车的燃油经济性影响较大。因此，在汽车行驶中，不必要的重物尽量不要放在车上，减小汽车的总质量，可以有效降低汽车油耗。

汽车的轻量化就是在保证汽车的强度和安全性能的前提下尽可能地减小汽车的整备质量，从而提高汽车动力，降低油耗，减少尾气污染，汽车轻量化是当前汽车工业发展中非常重要的项目。

（5）轮胎的结构 轮胎的结构对燃油经济性也有较大的影响。改善轮胎的结构，可以减少汽车的油耗。目前，减小滚动阻力的最好办法是使用子午线轮胎。目前，子午线轮胎的耐磨性、动力性和经济性等综合性能最好，与普通斜交轮胎相比，燃油经济性较高。

2. 汽车使用因素的影响

（1）汽车的技术状况 汽车随着使用时间的延长，其性能也在逐步发生变化。当感觉车辆有异样时，应立即对车辆进行检查。车辆的技术状况差、故障多，对汽车的行驶油耗影响很大。除汽车发动机故障外，汽车底盘部分的技术状况，如变速器、制动器、轴承、前束调整不当等，也会导致汽车油耗大幅度增加。在汽车行驶中，发动机冷却系统温度过高或过低，也可使汽车油耗上升。

（2）汽车的维护 对汽车进行及时正确的维护与调整，会使汽车保持良好状态，降低汽车行驶阻力，提高发动机性能，将很大程度地减少汽车油耗，因此对改善燃油经济性有很大帮助。轮胎的工作气压保持在标准范围内，能减小汽车的滚动阻力，降低燃油的消耗，实现节油。空气滤清器、燃油滤清器和机油滤清器应该经常保持较高的滤清能力。其中，空气滤清器的滤清效果对节约燃料有极为重要的作用。

（3）汽车的使用状况 汽车的使用状况也是影响汽车燃油经济性的主要因素之一。不同的道路等级和道路状况，其行驶阻力存在较大的差别。阻力越大，节气门开度越大，高速档行驶的机会就越少，油耗会增大。在交通复杂、交叉路口多的条件下，汽车制动、停止、起步、加速等工况较多，在这种情况下，虽然车速较低，但相对油耗量较大汽车的燃油经济性较差。汽车在高原行驶，由于进气量下降导致燃料燃烧不完全，汽车的油耗也会增加。

（4）驾驶人的行为习惯 驾驶人的驾驶行为对汽车燃油消耗有很大的影响。同一车辆，使用条件相同情况下，驾驶人如果能够选择合适的档位、平稳的驾驶方式，可以有效地减少燃油消耗，因此，合理的驾驶操作对节约燃油有很大的作用。

1）选用正确的档位行驶。在一定的行驶条件下，不同的档位会导致燃油消耗量的不同。在同一道路和一样车速下，发动机功率相同，如果使用低档，后备功率较大，发动机负荷率低，油耗就高，使用高档燃油消耗就低。因此，最经济合理的驾驶方法是尽可能用高档行驶，在高档行驶的可能性未用尽前，不应换低档。同时，换档动作要快而准确。

2）避免急刹急起。尽可能避免急刹急起，驾驶人以柔和、平顺的驾驶方式可以有效地减少燃油消耗，在起步阶段，尽量避免猛踩加速踏板，正确的方法是平顺加速，而在达到一定速度后，应尽可能保持匀速行驶。在拥挤路段行驶时，应看清前面的路况，避免急刹车。

3）尽量避免空档滑行。空档滑行时最低油耗相当于怠速油耗，而带档滑行时，ECU 会在一段时间内让发动机完全停止喷油，此时油耗接近为零，因此带档滑行更省油。

4）避免长时间原地怠速运行。根据测算，原地怠速运转 4min，其约为高速行驶 1min 的耗油量。因此，如果需要长时间停车，应该关闭发动机，降低汽车的燃油消耗。

5）合理使用自动启停功能。发动机自动启停就是在车辆行驶过程中临时停车的时候，自动熄火。当需要继续前进时，系统自动重新起动发动机的一套系统，英文名称 STOP&START，简称 STT。STT 智能节油系统是一套控制发动机起动和停止的系统，该系统通过 ECU 判断车辆的状态，例如车辆在红灯和堵塞等停滞状态，ECU 可以控制发动机自动停止运行，并且停止运行阶段，并不影响车内空调和音响等设备的使用。通过此项技术，在一般路况条件下可以节约 5% 的燃油，而在拥堵路段中最高可以节约 15% 左右的燃油。

知识点三　汽车燃料消耗量的限值标准

我国国家标准 GB 19578—2004《乘用车燃料消耗量限值》是我国第一个针对汽车燃油消耗的强制性国家标准。该标准的颁布实施具有重要意义，填补了我国汽车节能标准的空白，充实和完善了我国汽车强制性标准法规体系，有利于推动我国汽车燃料经济性的提高和汽车技术的全面进步。目前，汽车燃料消耗量限值的强制性国家标准有 GB 19578—2021《乘用车燃料消耗量限值》、GB 20997—2015《轻型商用车辆燃料消耗量限值》、GB 30510—2018《重型商用车辆燃料消耗量限值》。

1. 乘用车燃料消耗量限值

GB 19578—2021《乘用车燃料消耗量限值》规定了乘用车燃料消耗量的限值、燃料消耗量的测定、型式认证值的确定等内容，此标准适用于能够燃用汽油或柴油燃料、最大设计总质量不超过 3500kg 的 M_1 类车辆，不适用于仅燃用气体燃料或醇醚类燃料的车辆。

汽油、柴油、两用燃料及双燃料车辆的燃料消耗量应按 GB/T 19233、采用全球统一轻型车辆测试循环（WLTC）进行测定。可外接充电及不可外接充电式混合动力车辆的燃料消耗量应按 GB/T 19753、采用全球统一轻型车辆测试循环（WLTC）进行测定。

1）装有手动档变速器且具有三排以下座椅的车辆的燃料消耗量限值应按以下公式计算，计算结果圆整（四舍五入）至小数点后两位：

如果整车整备质量 $CM \leqslant 750$，则

$$FC_{\mathrm{L}}=5.82$$

如果 $750<CM \leqslant 2510$，则

$$FC_{\mathrm{L}}=0.0041\times(CM-1415)+8.55$$

如果 $CM>2510$，则

$$FC_{\mathrm{L}}=13.04$$

式中　CM——整车整备质量，单位为 kg；

FC_{L}——车型燃料消耗量限值，单位为 L/100km。

2）其他车辆的燃料消耗量限值应按以下公式计算，计算结果圆整（四舍五入）至小数点后两位：

如果 $CM \leqslant 750$，则

$$FC_{\mathrm{L}}=6.27$$

如果 $750<CM \leqslant 2510$，则

$$FC_{\mathrm{L}}=0.0042\times(CM-1415)+9.06$$

如果 $CM>2510$，则

$$FC_{\mathrm{L}}=13.66$$

式中　CM——整车整备质量，单位为 kg；

FC_{L}——车型燃料消耗量限值，单位为 L/100km。

2. 轻型商用车辆燃料消耗量限值

GB 20997—2015《轻型商用车辆燃料消耗量限值》规定了轻型商用车辆燃料消耗量的限值，此标准适用于能够燃用汽油或柴油燃料、最大设计车速大于或等于 50km/h 的 N_1 类和最大设计总质量不超过 3500kg 的 M_2 类车辆，不适用于厢式专用作业汽车、罐式专用作业汽车、专用自卸汽车、仓栅式专用作业汽车、起重举升汽车和特种结构汽车等专用作业车辆。

汽油、柴油、两用燃料及双燃料车辆的燃料消耗量应按 GB/T 19233 进行测定。可外接充电及不可外接充电式混合动力电动汽车的燃料消耗量应按 GB/T 19753 进行测定。

根据 GB 20997—2015《轻型商用车辆燃料消耗量限值》的规定，N_1 类车辆燃料消耗量限值见表 3-1，最大设计总质量不大于 3500kg 的 M_2 类车辆燃料消耗量限值见表 3-2。

表 3-1　N_1 类车辆燃料消耗量限值

整车整备质量（*CM*）/kg	汽油车型燃料消耗量限值 /（L/100km）	柴油车型燃料消耗量限值 /（L/100km）
CM ≤ 750	5.5	5.0
750<*CM* ≤ 865	5.8	5.2
865<*CM* ≤ 980	6.1	5.5
980<*CM* ≤ 1090	6.4	5.8
1090<*CM* ≤ 1205	6.7	6.1
1205<*CM* ≤ 1320	7.1	6.4
1320<*CM* ≤ 1430	7.5	6.7
1430<*CM* ≤ 1540	7.9	7.0
1540<*CM* ≤ 1660	8.3	7.3
1660<*CM* ≤ 1770	8.7	7.6
1770<*CM* ≤ 1880	9.1	7.9
1880<*CM* ≤ 2000	9.6	8.3
2000<*CM* ≤ 2110	10.1	8.7
2110<*CM* ≤ 2280	10.6	9.1
2280<*CM* ≤ 2510	11.1	9.5
2510<*CM*	11.7	10.0

表 3-2　最大设计总质量不大于 3500kg 的 M_2 类车辆燃料消耗量限值

整车整备质量（*CM*）/kg	汽油车型燃料消耗量限值 /（L/100km）	柴油车型燃料消耗量限值 /（L/100km）
CM ≤ 750	5.0	4.7
750<*CM* ≤ 865	5.4	5.0
865<*CM* ≤ 980	5.8	5.3
980<*CM* ≤ 1090	6.2	5.6
1090<*CM* ≤ 1205	6.6	5.9
1205<*CM* ≤ 1320	7.0	6.2
1320<*CM* ≤ 1430	7.4	6.5
1430<*CM* ≤ 1540	7.8	6.8
1540<*CM* ≤ 1660	8.2	7.1
1660<*CM* ≤ 1770	8.6	7.4
1770<*CM* ≤ 1880	9.0	7.7
1880<*CM* ≤ 2000	9.5	8.0
2000<*CM* ≤ 2110	10.0	8.4
2110<*CM* ≤ 2280	10.5	8.8
2280<*CM* ≤ 2510	11.0	9.2
2510<*CM*	11.5	9.6

3. 重型商用车辆燃料消耗量限值

GB 30510—2018《重型商用车辆燃料消耗量限值》规定了重型商用车辆燃料消耗量限值。此标准适用于最大设计总质量大于 3500kg 的燃用汽油和柴油的商用车辆，包括货车、半挂牵引车、客车、自卸汽车和城市客车。不适用于专用作业汽车，包括厢式专用作业汽车、罐式专用作业汽车、专用自卸作业汽车、仓栅式专用作业汽车、起重举升专用作业汽车及特种结构专用作业汽车等。

车型依据 GB/T 27840—2021 测定的综合工况燃料消耗量应满足本标准规定的相应燃料消耗量限值。

1）货车依据 GB/T 27840—2021 测定的综合工况燃料消耗量限值见表 3-3。

表 3-3　货车燃料消耗量限值

最大设计总质量（*GVW*）/kg	燃料消耗量限值 /（L/100km）
3500<*GVW* ≤ 4500	11.5[a]
4500<*GVW* ≤ 5500	12.2[a]
5500<*GVW* ≤ 7000	13.8[a]
7000<*GVW* ≤ 8500	16.3[a]
8500<*GVW* ≤ 10500	18.3[a]
10500<*GVW* ≤ 12500	21.3[a]
12500<*GVW* ≤ 16000	24.0
16000<*GVW* ≤ 20000	27.0
20000<*GVW* ≤ 25000	32.5
25000<*GVW* ≤ 31000	37.5
31000<*GVW*	38.5

[a] 对于汽油车，其限值是表中相应限值乘以 1.2，求得的数值圆整（四舍五入）至小数点后一位。

2）半挂牵引车依据 GB/T 27840—2021 测定的综合工况燃料消耗量限值见表 3-4。

表 3-4　半挂牵引车燃料消耗量限值

最大设计总质量（*GVW*）/kg	燃料消耗量限值 /（L/100km）
GVW ≤ 18000	28.0
18000<*GVW* ≤ 27000	30.5
27000<*GVW* ≤ 35000	32.0
35000<*GVW* ≤ 40000	34.0
40000<*GVW* ≤ 43000	35.5
43000<*GVW* ≤ 46000	38.0
46000<*GVW* ≤ 49000	40.0
49000<*GVW*	40.5

3）客车依据 GB/T 27840—2021 测定的综合工况燃料消耗量限值见表 3-5。

表 3-5　客车燃料消耗量限值

最大设计总质量（GVW）/kg	燃料消耗量限值 /（L/100km）
$3500<GVW\leqslant 4500$	10.6[a]
$4500<GVW\leqslant 5500$	11.5[a]
$5500<GVW\leqslant 7000$	13.3[a]
$7000<GVW\leqslant 8500$	14.5
$8500<GVW\leqslant 10500$	16.0
$10500<GVW\leqslant 12500$	17.7
$12500<GVW\leqslant 14500$	19.1
$14500<GVW\leqslant 16500$	20.1
$16500<GVW\leqslant 18000$	21.3
$18000<GVW\leqslant 22000$	22.3
$22000<GVW\leqslant 25000$	24.0
$25000<GVW$	25.0

[a] 对于汽油车，其限值是表中相应限值乘以 1.2，求得的数值圆整（四舍五入）至小数点后一位。

4）自卸汽车依据 GB/T 27840—2021 测定的综合工况燃料消耗量限值见表 3-6。

表 3-6　自卸汽车燃料消耗量限值

最大设计总质量（GVW）/kg	燃料消耗量限值 /（L/100km）
$3500<GVW\leqslant 4500$	13.0
$4500<GVW\leqslant 5500$	13.5
$5500<GVW\leqslant 7000$	15.0
$7000<GVW\leqslant 8500$	17.5
$8500<GVW\leqslant 10500$	19.5
$10500<GVW\leqslant 12500$	22.0
$12500<GVW\leqslant 16000$	25.0
$16000<GVW\leqslant 20000$	29.5
$20000<GVW\leqslant 25000$	37.5
$25000<GVW\leqslant 31000$	41.0
$31000<GVW$	41.5

5）城市客车依据 GB/T 27840—2021 测定的综合工况燃料消耗量限值见表 3-7。

表 3-7　城市客车燃料消耗量限值

最大设计总质量（GVW）/kg	燃料消耗量限值 /（L/100km）
$3500<GVW\leqslant 4500$	11.5
$4500<GVW\leqslant 5500$	13.0
$5500<GVW\leqslant 7000$	14.7
$7000<GVW\leqslant 8500$	16.7
$8500<GVW\leqslant 10500$	19.4
$10500<GVW\leqslant 12500$	22.3

（续）

最大设计总质量（GVW）/kg	燃料消耗量限值 /（L/100km）
12500<GVW ≤ 14500	25.5
14500<GVW ≤ 16500	28.0
16500<GVW ≤ 18000	31.0
18000<GVW ≤ 22000	34.5
22000<GVW ≤ 25000	38.5
25000<GVW	41.5

知识点四　汽车燃料消耗量的试验方法

汽车燃料消耗量的试验方法有等速行驶燃料消耗量试验和多工况循环燃料消耗量试验两种。

1. 等速行驶燃料消耗量试验

等速行驶燃料消耗量试验是指汽车在一定载荷下，以最高档在水平良好路面上等速行驶的燃料消耗量。根据 GB/T 12545.1—2008《汽车燃料消耗量试验方法 第 1 部分：乘用车燃料消耗量试验方法》规定，对于乘用车，进行等速行驶燃油消耗量试验时，只进行 90km/h 和 120km 两个速度下的燃油消耗量试验；对于商用车，GB/T 12545.2—2001《商用车辆燃料消耗量试验方法》中规定：试验车速从 20km/h（最小稳定车速高于 20km/h 时，从 30km/h）开始，以车速 10km/h 的整数倍均匀选取车速，直至最高车速的 90%，至少测定 5 个试验车速；然后以试验车速为横坐标，燃料消耗量为纵坐标，绘制等速行驶燃料消耗量散点图，根据散点图绘制等速行驶燃料消耗量的特性曲线。

2. 多工况循环燃料消耗量试验

等速行驶工况并不能全面反映汽车的实际运行情况，特别是在市区行驶中频繁出现的加速、减速、怠速停车等行驶工况。因此，在对实际行驶车辆进行跟踪测试统计的基础上，各国都制定了一些典型的循环行驶试验工况，来模拟汽车实际运行工况，既可使试验结果比较接近于实际情况，又可缩短试验周期。多工况循环燃料消耗量试验需要在底盘测功机上进行，如图 3-1 所示。

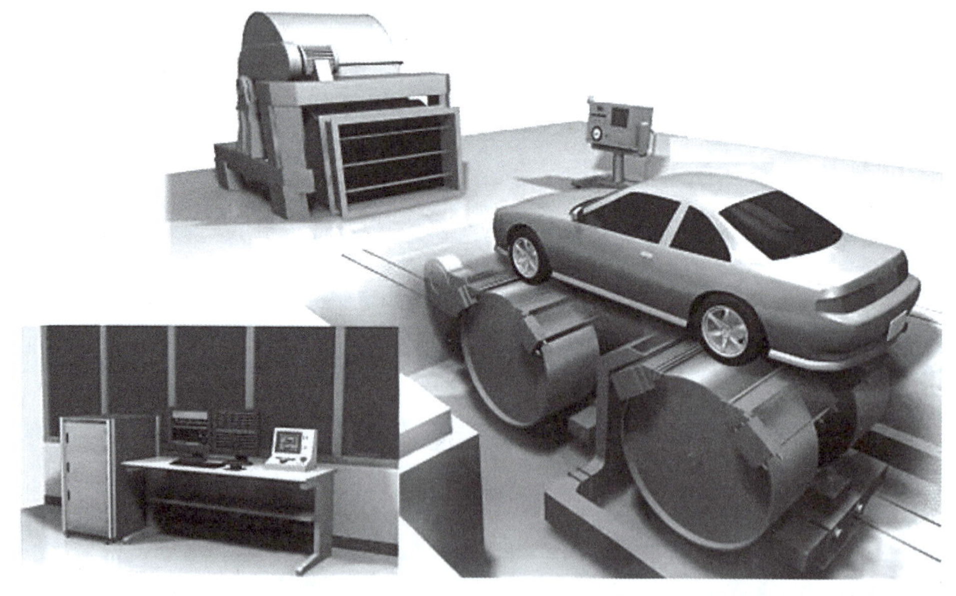

图 3-1　多工况循环燃料消耗量检测

GB/T 19233—2020《轻型汽车燃料消耗量试验方法》规定：轻型汽车燃料消耗量试验按照 GB 18352.6—2016 中附件 CA 所述的全球统一轻型车测试循环（WLTC）或 GB/T 38146.1—2019 中附录 A 规定的中国汽车行驶工况（CLTC-P 和 CLTC-C，其中，CLTC-P 适用于 M_1 类车辆，CLTC-C 适用于 N_1 类和最大设计总质量不超过 3500kg 的 M_2 类车辆），测量车辆的 CO_2、CO 和 HC 排放量。

GB/T 27840—2021《重型商用车辆燃料消耗量测量方法》规定：重型商用车辆燃料消耗量应按照 GB/T 38146.2—2019 中附录 A 规定的中国重型商用车辆行驶工况（CHTC）测量车辆的燃料消耗量。其中，货车采用 CHTC-LT（最大设计总质量 $GVW \leqslant$ 5500kg）或 CHTC-HT（GVW>5500kg）行驶工况，普通客车采用 CHTC-C 行驶工况，半挂牵引车采用 CHTC-TT 行驶工况，自卸汽车采用 CHTC-D 行驶工况，城市客车采用 CHTC-B 行驶工况。

【任务实施】

任务导入

在汽车使用成本中，燃油费占 50% 左右，甚至 60%~70%。不良的驾驶行为习惯，可以使车辆油耗增加 20% 以上。下面，结合任务描述中的情景，分析客户汽车燃料消耗量偏高的原因，并提出降低燃油消耗的合理建议。建议按以下行动过程来完成任务：

步骤一：了解客户用车环境及驾驶行为习惯。

步骤二：分析王女士车辆油耗偏高的原因。

步骤三：给出降低燃油消耗的合理建议，消除客户的疑虑。

汽车燃油经济性检测记录表见表 3-8。

表 3-8 汽车燃油经济性检测记录表

客户基本信息				
姓名	性别	驾龄	联系方式	备注
客户用车环境及驾驶行为习惯				
车辆油耗偏高的原因分析				
降低燃油消耗的合理建议				

步骤四：评价工作成果与学习成果。

此步骤是在资料的汇总与整理基础上进行任务总结，可以尝试回答以下问题：

1. 你设定的目标是否达成？
2. 王女士是否认可你的分析，并接受你的建议？
3. 你认为还需掌握哪些知识？

任务评价

评价表见表 3-9。

表 3-9 评价表

评分项	评分子项目	评分细则	自我评价	小组评价	教师评价
纪律 （5 分）	1）不迟到 2）不早退 3）学习用品准备齐全 4）积极参与课程问题思考和回答 5）积极参与教学活动	未完成 1 项扣 1 分，扣分不得超过 5 分			
职业素养 （15 分）	1）具备节约能源的意识 2）勇于探索，实事求是 3）积极与他人合作 4）积极帮助他人 5）遵守礼仪礼节 6）做事态度严谨、认真 7）具备劳动精神，能主动做到场地的 6S 管理	未完成 1 项扣 5 分，扣分不得超过 15 分			
专业技能 （40 分）	1）掌握汽车燃油经济性的评价指标 2）了解汽车燃料消耗量的限值标准及检测标准 3）熟知汽车燃油经济性的影响因素 4）能够正确分析汽车燃料消耗量偏高的原因 5）给出降低燃油消耗的合理建议	未完成 1 项扣 10 分，扣分不得超过 40 分			
工具及设备的使用 （20 分）	1）能正确使用 iPad、计算机上的一些图片处理和视频拍摄软件 2）能正确使用谈判桌等场地工具	未完成 1 项扣 10 分，扣分不得超过 20 分			
任务工单填写 （20 分）	1）字迹清晰 2）语句通顺 3）无错别字 4）无涂改 5）无抄袭 6）内容完整 7）回答准确 8）有独到的见解	未完成 1 项扣 5 分，扣分不得超过 20 分			

【知识自测】

1. 填空题

1）________和________影响汽车的燃油经济性。

2）中国采用________来评价汽车的燃油经济性，数值越小，汽车的燃油经济性越好。

3）汽车燃料消耗量试验方法有________和________两种。

2. 简答题

1）汽车燃油经济性的评价指标有几种？各有何优缺点？

2）什么是等速百公里燃油消耗量？

3）汽车燃料消耗量试验有哪些主要内容？如何进行试验？

4）依据有关标准阐述汽车燃油经济性台架试验方法。

【拓展提升】

1）阅读 GB/T 19233—2020《轻型汽车燃料消耗量试验方法》、GB/T 27840—2021《重型商用车辆燃料消耗量测量方法》，了解汽车燃料消耗量检测方法与步骤。

2）阅读 GB 18352.6—2016《轻型汽车污染物排放限值及测量方法（中国第六阶段）》、GB/T 38146.1—2019《中国汽车行驶工况 第 1 部分：轻型汽车》，并查阅相关的资料，分析全球统一轻型车辆测试循环（WLTC）和中国汽车行驶工况（CLTC）的特点和区别。

任务二　电动汽车能耗经济性检测

【任务描述】

电动汽车能耗经济性检测旨在全面而系统地评估电动汽车在实际使用中的能源利用效率与经济性能。此任务不仅要求精确测量电动汽车在标准行驶工况下的续驶里程，还需细致计算其单位距离的能量消耗量，以量化其能耗效率。通过这一系列检测，可以为汽车制造商提供宝贵的数据支持，助力其优化设计，提升产品的能效水平与市场竞争力。同时，对于消费者而言，这些数据也是购车决策时的重要参考，帮助他们选择更加经济、环保的电动汽车，并经济合理地使用车辆。

李先生在 4S 店购买了一辆电动汽车，其官网信息显示该车的 CLTC 纯电续驶里程为 550km，最近李先生发现汽车实际续驶里程不到 400km，认为汽车动力蓄电池存在故障，要求 4S 店更换动力蓄电池。经过交流，最近气温较低，李先生经常行驶在高速路段并开启空调加热。作为一名售后经理，请你分析李先生车辆实际续驶里程较少的原因，并结合专业知识给李先生提出降低电能消耗、增加实际续驶里程的合理建议。

【任务目标】

通过本任务的学习，需要达成以下目标：

1. 掌握电动汽车能耗经济性的评价指标。
2. 了解电动汽车能量消耗率的限值标准及检测标准。
3. 熟知电动汽车能耗经济性的影响因素。
4. 能够正确分析电动汽车续驶里程偏少的原因。
5. 树立节约能源的意识，养成文明开车的良好行为习惯。
6. 养成良好的心理素质和克服困难的能力。
7. 养成勇于探索，实事求是的职业素养。

【任务分析】

通过本任务的学习，可以掌握电动汽车能耗经济性的评价指标，进一步理解电动汽车能量消耗率的限值标准及检测标准，熟悉电动汽车能耗经济性的影响因素。

要完成本学习任务，可以按照以下流程进行：

1）学习“电动汽车能耗经济性的评价指标”“电动汽车能耗经济性的影响因素”“电动汽车能量消耗率的限值”“电动汽车能量消耗量和续驶里程试验方法”等知识点。

2）分析 GB/T 36980—2018《电动汽车能量消耗率限值》等国家标准，及相对应的检测标准，了解电动汽车能量消耗率限值的检测方法和检测设备。

3）了解客户用车环境及驾驶行为习惯，分析李先生电动汽车续驶里程偏少的原因。

4）给出降低电能消耗、增加实际续驶里程的合理建议，消除客户的疑虑。

完成本任务所需的知识详见后续知识准备中的各知识点。

知识点一　电动汽车能耗经济性的评价指标

随着石油能源的减少及环境污染的日益加剧，电动汽车由于具有低能耗和零排放等优点越来越受欢迎。电动汽车与传统燃油车的最大区别是其动力源来自于动力蓄电池，动力蓄电池提供的电能作为电机的驱动能源，可以做到汽车尾气零排放，缓解汽车尾气带来的大气污染。然而，纯电动汽车的能耗经济性也是需要考虑的重要因素。

纯电动汽车能耗经济性主要有以下两种评价指标：

1. 续驶里程

续驶里程是指在动力蓄电池完全充满的状态下，在一定的驾驶条件下能够连续行驶的最大距离。续驶里程主要取决于动力蓄电池电量的大小，电量越大，续驶里程越长，这也是影响实际使用效果的关键因素之一。

2. 能量消耗率

能量消耗率指纯电动汽车每行驶 100km 所需要消耗的电能，即百公量电耗，单位为 kW · h/100km。该指标反映的是电动汽车的最终能耗，包括零部件效率、轻量化技术、低阻力技术等节能技术，也包括因尺寸差异引起的质量差异等非节能技术。能量消耗率是衡量车辆能效水平的重要指标之一，数值越小表示汽车能源利用效率越高。

知识点二　电动汽车能耗经济性的影响因素

电动汽车能量消耗的影响因素可归纳为汽车相关因素、环境相关因素、驾驶人相关因素三类。

1. 汽车相关因素

（1）驱动电机的效率　驱动电机的效率与电动汽车经济性有着密切的关系，驱动电动因作为电动汽车主要的动力输出装置，将电能转变成动能的转换效率尤为重要。在同等电量下，电机效率越高，转化为可利用的动能越多，能耗越低，续驶里程越长。

（2）传动系统的效率　在汽车传动系统方面，对电能消耗的影响主要取决于传动系统效率，有效提高传动系数，损失在传动系统的能量就会越少，所以能耗经济性也就越好。

（3）汽车的质量　汽车整备质量的大小对汽车能耗起着重要作用。有研究表明，纯电动汽车整车质量减小 100kg，续驶里程可增加 3.7%。合理的轻量化可在确保汽车强度和安全性能的基础上，提高车辆动力性，减少电能消耗，增加续驶里程。因此，在汽车行驶中，不必要的重物尽量不要放在车上，减小汽车的总质量，可以有效降低汽车能耗。

（4）汽车的外形　车辆的外观设计决定了风阻系数，风阻系数越大，行驶时空气阻力越大，车辆行驶需要克服风阻，这部分能量无法回收，并且风阻与速度的平方成正比，所以风阻对电动汽车能耗影响很大，尤其是高速行驶。对于空气阻力，可通过改进车身流线来减小空气阻力系数和减小迎风面积，进而减小整车空气阻力。另外，各种外部加装或拖挂都会增大风阻，从而增加汽车的能耗，减少续驶里程。

（5）制动能量回收　制动能量回收发生于电动汽车制动或者减速过程中，回收的能量可存储在动力蓄电池中并在以后使用，制动回收的能量可以提高车辆的使用经济性。尤其是在需要频繁启停的城市行驶工况，对于纯电动汽车来说，这部分能量能够增加车辆行驶里程，从而获得更佳的经济效益。有研究表明，在城市工况下，纯电动汽车制动时的动能回收就目前技术可以达到 15%~30%。

2. 环境相关因素

（1）环境温度　在不同温度下，动力蓄电池放电能力及内阻等有很大区别，温度对车辆动力系统、润滑部分、转向油泵及热管理系统等的工作效率都会产生影响。CEVE 规程测试结果表明，相较于高温环境，低温 WLTC 工况的里程衰减和能耗率增加幅度较大。

（2）行驶工况　同一车辆在不同行驶工况下的电动汽车的能耗区别也较大。在实际驾驶过程中，因实际道路路况和天气等因素差异，都会导致车辆的能耗变化。在上下起伏的路面行驶比平稳的路面行驶，汽车能耗明显增加。

3. 驾驶人相关因素

（1）驾驶方式　在相同的交通场景下，即使不同的驾驶人驾驶同一辆车，由于驾驶体验和性格因素的影响，会产生不同的驾驶风格，导致车辆的驾驶能耗不同。常见的驾驶风格可以分为激进型、一般型和保守型。激进型的驾驶人在驾驶时踩加速踏板的幅度和频率较大，所以驾驶能耗较高；保守的驾驶人踩加速踏板的幅度和频率较小，所以驾驶能耗较低。

（2）轮胎气压　轮胎气压降低，轮胎与地面接触面积增加，行驶阻力也增大，汽车能耗会增加，续驶里程会减少。相反，胎压升高，则续驶里程增加。但是，胎压过高会导致轮胎与地面的附着力减少，影响操控性能及行驶安全。日常用车请注意保持胎压在合适范围。

（3）行驶速度　首先，车速对电动汽车的空气阻力产生影响。根据空气动力学原理，当车速增加时，车辆所受到的空气阻力也随之增加。在高速行驶过程中，电动汽车需要克服更大的阻力，因此耗电量较大。其次，车速对电动汽车的内部能量损耗产生影响。驱动电机在中转速、中转矩时的效率最高，电机转速过高或过低都会对效率造成影响，高速行驶时使电机驱动工作偏离经济能耗区域，造成电能损耗，从而使整车能耗增加。

在其他方面，动力蓄电池热管理系统、电驱动热管理系统、驾驶室空调系统及其他设备冷却系统共同构成了纯电动汽车的热管理系统。不同的环境温度下，整车热管理系统能耗的差异较大，如在低温环境下，驾驶室的取暖以及动力蓄电池包的加热需要消耗大量能量，进而导致电动汽车能耗急剧增加。

知识点三　电动汽车能量消耗率的限值

目前，我国已是世界上新能源产业发展最为迅速的国家之一，无论是产业链完整度，还是产业规模都处在全球领先地位。随着新能源汽车产销量和保有量的快速增长，新能源汽车的电能消耗对我国总体能源消耗的影响也将越来越大。为推动电动汽车节能降耗，实现我国新能源汽车产业健康发展，国家标准化管理委员会于 2018 年 12 月 28 日发布了国家标准 GB/T 36980—2018《电动汽车能量消耗率限值》，于 2019 年 7 月 1 日实施。《电动汽车能量消耗率限值》作为在全球首个针对纯电动汽车能耗指标提出要求的技术标准，结合相关政策措施，将在促进纯电动汽车节能技术应用，推动电动汽车降低能耗、节约电力能源方面发挥重要作用，同时也将提升我国电动汽车产业竞争力，促进新能源汽车产业健康发展。

GB/T 36980—2018《电动汽车能量消耗率限值》规定最大设计总质量不超过 3500kg 的 M_1 类纯电动汽车的能量消耗率限值。

1）对于具有三排以下座椅且最高车速大于或等于 120km/h 的车型，能量消耗率限值见表 3-10。

2）其他车型能量消耗率限值应进行以下计算，计算后圆整（四舍五入）至小数点后一位：

① 如车型具有三排以下座椅且最高车速小于 120km/h，表 3-10 相应能量消耗率限值乘以折算系数 K，K 根据以下公式计算确定

$$K=0.00312\times V_{max}+0.6256$$

式中　K——折算系数，计算结果圆整（四舍五入）至小数点后两位；

V_{max}——进行工况法能量消耗率试验时申报的最高车速，单位为 km/h。

② 如车型具有三排及以上座椅且最高车速大于或等于 120km/h 的车型，表 3-10 相应能量消耗率限值乘以 1.03。

③ 如车型具有三排及以上座椅且最高车速小于 120km/h，表 3-10 相应能量消耗率限值乘以 1.03*K*。

表 3-10 能量消耗率限值

整车整备质量 *CM*/kg	车型能量消耗率限值（第一阶段）/（kW · h/100km）	车型能量消耗率限值（第二阶段）/（kW · h/100km）
CM ≤ 750	13.1	11.2
750<*CM* ≤ 865	13.6	11.6
865<*CM* ≤ 980	14.1	12.1
980<*CM* ≤ 1090	14.6	12.5
1090<*CM* ≤ 1205	15.1	13.0
1205<*CM* ≤ 1320	15.7	13.4
1320<*CM* ≤ 1430	16.2	13.9
1430<*CM* ≤ 1540	16.7	14.3
1540<*CM* ≤ 1660	17.2	14.8
1660<*CM* ≤ 1770	17.8	15.2
1770<*CM* ≤ 1880	18.3	15.7
1880<*CM* ≤ 2000	18.8	16.1
2000<*CM* ≤ 2110	19.3	16.6
2110<*CM* ≤ 2280	20.0	17.1
2280<*CM* ≤ 2510	20.9	17.9
2510<*CM*	21.9	18.8

注：考虑到该标准项目为推荐性标准，标准制定了两个阶段限值，满足主管部不同应用需求。第一、二阶段限值未来主要应用场景和实施时间建议如下：

第一阶段限值为淘汰部分技术落后车型，可用于新车型准入或新能源汽车补贴政策，建议实施时间点为标准发布之日起 1 年后。

第二阶段限值为促进少量技术先进车型发展与应用，可用于鼓励少数先进车型的新能源汽车激励政策或未来更长时期的新车型准入，具体时间由主管部门根据第一阶段限值实施情况另行确定。

知识点四 电动汽车能量消耗量和续驶里程试验方法

为保障电动汽车产业的科学发展，我国在 2001 年就参照 ISO 8714 发布了 GB/T 18386 的第一个版本，而后又陆续发布了两个版本，起到了很好的产业支撑作用。随着技术水平的不断进步，标准中部分内容已不能满足进一步规范产业发展的需求，国际标准 ISO 8714—2023、全球技术法规 UNECE GTR15 等也均在开展修订，以进一步完善测试规程。为了适应技术的新变化及产业发展的新需求，我国已经修订形成了支撑纯电动汽车评价的国家标准 GB/T 18386《电动汽车能量消耗量和续驶里程试验方法》。GB/T 18386 旨在确立统一的电动汽车试验流程、试验循环及试验结果计算方法，拟由 GB/T 18386.1—2021《电动汽车能量消耗量和续驶里程试验 方法第 1 部分：轻型汽车》和 GB/T 18386.2—2022《电动汽车能量消耗量和续驶里程试验方法 第 2 部分：重型商用车辆》两部分构成。

1. 轻型电动汽车能量消耗量和续驶里程试验方法

GB/T 18386.1—2021《电动汽车能量消耗量和续驶里程试验方法 第1部分：轻型汽车》规定了N_1类和最大设计总质量不超过3500kg的M_1、M_2类纯电动汽车的能量消耗量和续驶里程的试验方法。最大设计总质量超过3500kg的M_1类车辆和L_5类车辆可参照执行。试验循环按照GB/T 38146.1—2019《中国汽车行驶工况 第1部分：轻型汽车》附录A所述的中国轻型汽车行驶工况（CLTC，包括CLTC-P和CLTC-C，其中，CLTC-P适用于M_1类车辆，CLTC-C适用于N_1类和最大设计总质量不超过3500kg的M_2类车辆）。若车辆申报的最高车速小于CLTC的最高车速，在目标车速大于车辆申报最高车速时，按照GB 18352.6—2016《轻型汽车污染物排放限值及测量方法（中国第六阶段）》中CA.5的规定对试验循环进行修正。

中国轻型汽车行驶工况（CLTC）包括中国乘用车行驶工况（CLTC-P）和中国轻型商用车行驶工况（CLTC-C）。CLTC-P包括低速（1部）、中速（2部）和高速（3部）3个速度区间，工况时长共计1800s，工况曲线如图3-2所示。

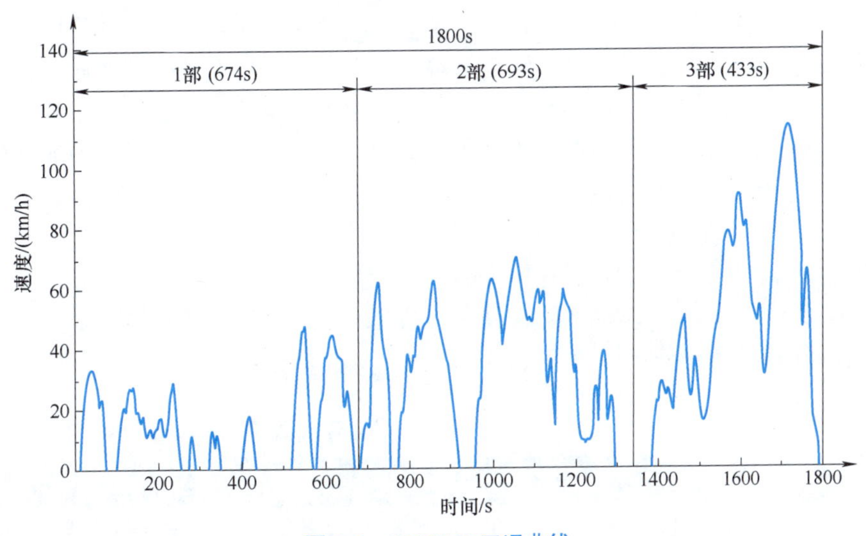

图3-2 CLTC-P工况曲线

CLTC-C包括低速（1部）、中速（2部）和高速（3部）3个速度区间，工况时长共计1800s，工况曲线如图3-3所示。

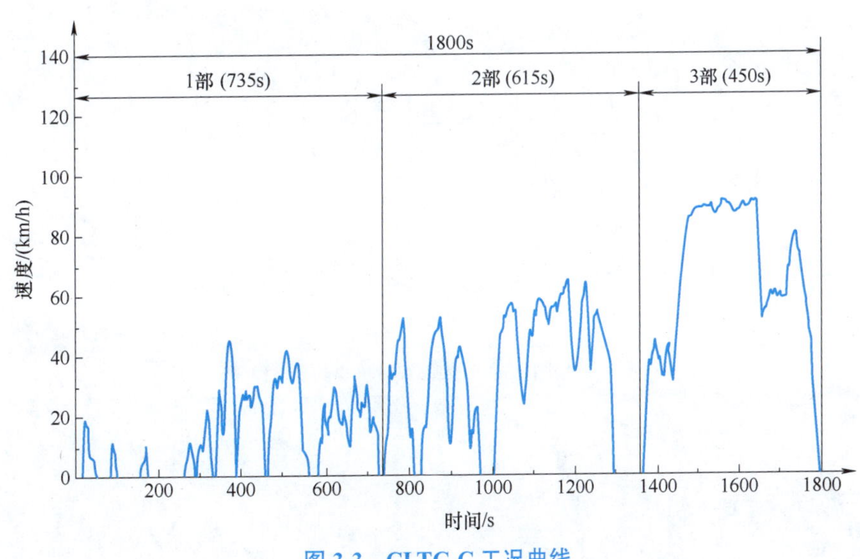

图3-3 CLTC-C工况曲线

2. 重型商用电动汽车能量消耗量和续驶里程试验方法

GB/T 18386.2—2022《电动汽车能量消耗量和续驶里程试验方法 第2部分：重型商用车辆》规定了最大设计总质量超过3500kg的纯电动汽车的能量消耗量和续驶里程的试验方法，包括货车、半挂牵引车、客车、自卸汽车和城市客车。车辆应按照GB/T 38146.2—2019《中国汽车行驶工况 第2部分：重型商用车辆》中附录A规定的中国重型商用车辆行驶工况（CHTC）测量车辆的能量消耗量和续驶里程。其中，城市客车采用CHTC-B行驶工况，客车（不含城市客车）采用CHTC-C行驶工况，货车（不含自卸汽车）采用CHTC-LT（$GVW \leqslant 5500$kg）或CHTC-HT（$GVW>5500$kg）行驶工况，自卸汽车采用CHTC-D行驶工况，半挂牵引车采用CHTC-TT行驶工况。若车辆的最高车速小于CHTC的最高车速，在目标车速大于车辆的最高车速时，按照GB 18352.6—2016《轻型汽车污染物排放限值及测量方法（中国第六阶段）》中CA.5的规定对试验循环进行修正。

【任务实施】

任务导入

汽车在实际使用过程中，驾驶风格的差异、环境温度的变化、空调等附件的使用，都对电动汽车的能耗和续驶里程具有重要影响，使实际能耗及续驶里程与官方的宣称值存在显著差异。下面，就结合任务描述中的情景，分析客户电动汽车续驶里程偏少的原因，给出降低电能消耗、增加实际续驶里程的合理建议。建议按照以下行动过程来完成任务：

步骤一：了解客户用车环境及驾驶行为习惯。

步骤二：分析李先生电动汽车续驶里程偏少的原因。

步骤三：给出降低电能消耗、增加实际续驶里程的合理建议，消除客户的疑虑。

电动汽车能耗经济性检测实训记录表见表3-11。

表3-11 电动汽车能耗经济性检测实训记录表

客户基本信息				
姓名	性别	驾龄	联系方式	备注
客户用车环境及驾驶行为习惯				
电动汽车续驶里程偏少的原因分析				
降低电能消耗、增加实际续驶里程的合理建议				

步骤四：评价工作成果与学习成果。

此步骤是在资料的汇总与整理基础上进行任务总结，可以尝试回答以下问题：

1. 你设定的目标是否达成？
2. 李先生是否认可你的分析，并接受你的建议？
3. 你认为还需掌握哪些知识？

任务评价

评价表见表 3-12。

表 3-12　评价表

评分项	评分子项目	评分细则	自我评价	小组评价	教师评价
纪律 （5 分）	1）不迟到 2）不早退 3）学习用品准备齐全 4）积极参与课程问题思考和回答 5）积极参与教学活动	未完成 1 项扣 1 分，扣分不得超过 5 分			
职业素养 （15 分）	1）具备节约能源的意识 2）勇于探索，实事求是 3）积极与他人合作 4）积极帮助他人 5）遵守礼仪礼节 6）做事态度严谨、认真 7）具备劳动精神，能主动做到场地的 6S 管理	未完成 1 项扣 5 分，扣分不得超过 15 分			
专业技能 （40 分）	1）能掌握电动汽车能耗经济性的评价指标 2）能了解电动汽车能量消耗率的限值标准及检测标准 3）能熟知电动汽车能耗经济性的影响因素 4）能够正确分析电动汽车续驶里程偏少的原因 5）能够给出降低电能消耗、增加实际续驶里程的合理建议	未完成 1 项扣 10 分，扣分不得超过 40 分			
工具及设备的使用 （20 分）	1）能正确使用 iPad、计算机上的一些图片处理和视频拍摄软件 2）能正确使用谈判桌等场地工具	未完成 1 项扣 10 分，扣分不得超过 20 分			
任务工单填写 （20 分）	1）字迹清晰 2）语句通顺 3）无错别字 4）无涂改 5）无抄袭 6）内容完整 7）回答准确 8）有独到的见解	未完成 1 项扣 5 分，扣分不得超过 20 分			

【知识自测】

1. 填空题

1）纯电动汽车能耗经济性主要有________和________两种评价指标。

2）电动汽车能量消耗的影响因素可归纳为________、________、________三类。

2. 简答题

1）中国乘用车行驶工况（CLTC-P）包括哪几个速度区间？工况时长共多少？

2）影响电动汽车能量消耗的环境因素有哪些？

【拓展提升】

1）阅读 GB/T 18386.1—2021《电动汽车能量消耗量和续驶里程试验方法 第 1 部分：轻型汽车》和 GB/T 18386.2—2022《电动汽车能量消耗量和续驶里程试验方法 第 2 部分：重型商用车辆》，了解电动汽车能量消耗量和续驶里程试验方法与步骤。

2）阅读 GB/T 18386.1—2021《电动汽车能量消耗量和续驶里程试验方法 第 1 部分：轻型汽车》和 GB/T 18386.2—2022《电动汽车能量消耗量和续驶里程试验方法 第 2 部分：重型商用车辆》，并查阅相关的资料，分析新标欧洲驾驶循环（NEDC）、全球统一轻型车测试循环（WLTC）和中国汽车行驶工况（CLTC）的特点和区别。

项目四

汽车公害与检测

【项目导入】

汽车公害包括排气污染物和噪声，汽车排气污染物的主要成分包括 CO、HC、NO_x 和颗粒物（PM）等物质，汽车噪声包括发动机噪声、底盘噪声和车身噪声，汽车排气污染物和噪声对大气环境及人体健康造成较为严重的危害，根据生态环境部发布的《中国移动源环境管理年报（2023 年）》，移动源污染已成为我国大中城市空气污染的重要来源，加强移动源污染治理的紧迫性日益凸显。通过掌握检测汽车尾气及噪声的方法，把汽车公害限定在其允许的范围内，以达到保护生态环境和自然界生态平衡的目的。

为了更好地完成教学目标，达成教学效果，本项目针对不同的汽车公害设计了三大典型的工作任务。

项目知识导图：

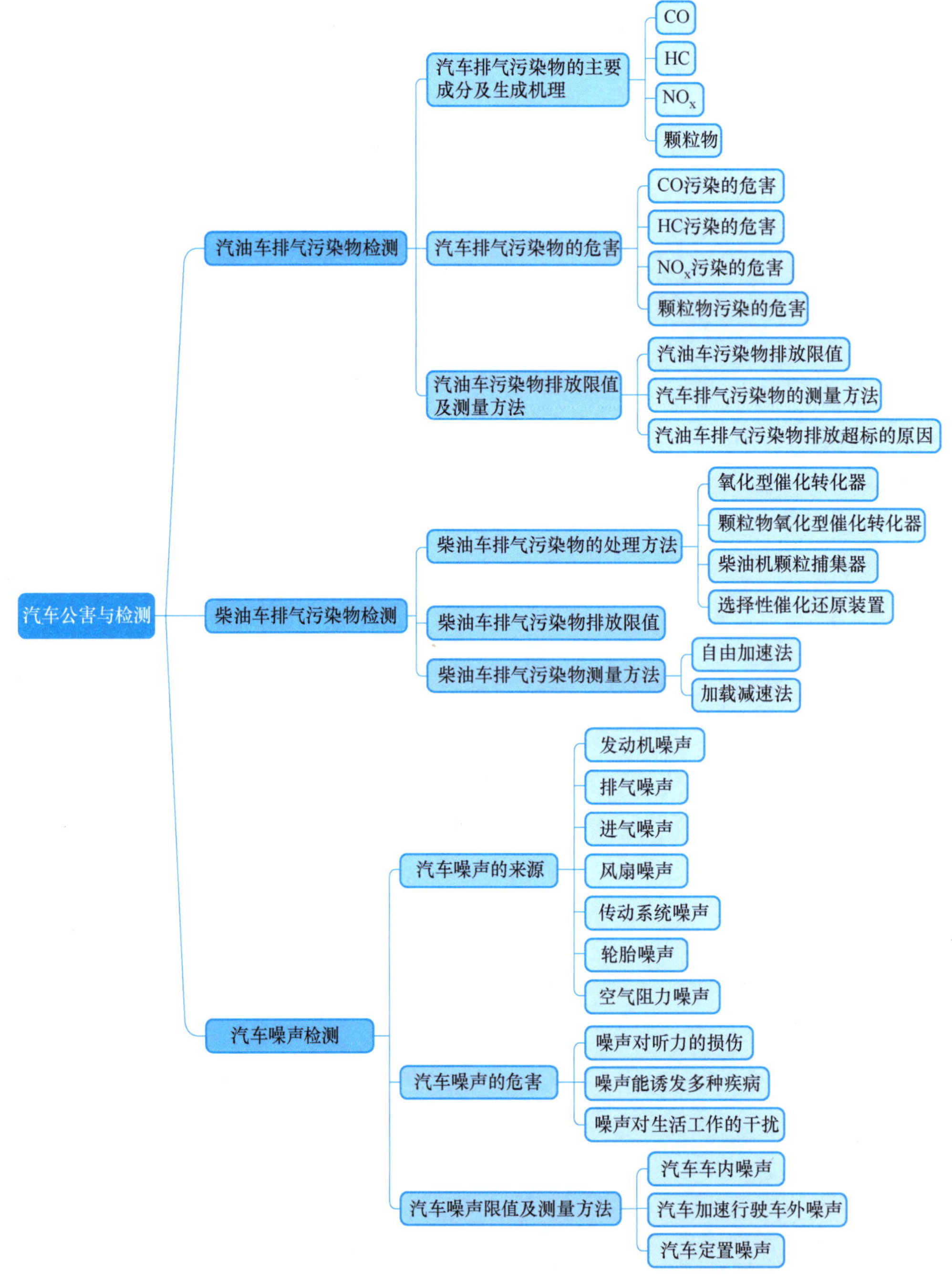

任务一　汽油车排气污染物检测

【任务描述】

汽油车排气污染物检测是一项复杂而关键的环保任务，它关乎到空气质量、公众健康以及环境保护政策的有效实施。该任务的核心在于对汽油车辆在正常行驶或特定工况下排放的尾气进行详尽、精确的检测与分析。在检测过程中，专业人员会运用先进的仪器设备，如尾气分析仪、气体采样装置等，来测定尾气中的 CO、NO_x、HC 等有害物质的含量，以及可能存在的颗粒物等污染物。这些数据不仅反映了车辆的技术状况和环保性能，也是评估其是否符合国家和地方排放法规标准的重要依据。通过定期或不定期的排气污染物检测，可以及时发现并纠正车辆排放超标的问题，促进汽车行业的绿色发展和技术进步。同时，这些数据也为环保部门制定更加科学合理的排放控制政策提供了有力支持，有助于推动全社会形成共同保护环境的良好氛围。因此，汽油车排气污染物检测是一项具有深远意义的环保任务，需要人们持续关注和努力推进。

陈先生到 4S 店进行车辆维护，向接待人员反映他的轿车在下个月就要进行年检，听说机动车年检要检测排气污染物，还需要进行 OBD 检查，他不知道什么是 OBD，担心排气污染物超标，过不了年检，并询问如果排气污染物超标后如何处理。作为一名售后经理，请你结合专业知识为陈先生答疑解惑，并给出合理的建议。

【任务目标】

通过本任务的学习，需要达成以下目标：

1. 熟知汽油车排气污染物的主要成分及危害。
2. 掌握汽油车排气污染物的排放限值及检测方法。
3. 熟悉 OBD 检查的内容及方法。
4. 能够正确描述汽车排气污染物产生的原因。
5. 养成保护环境的意识，敬畏自然，与大自然和谐相处。
6. 养成勇于探索、实事求是的职业素养。

【任务分析】

通过本任务的学习，可以掌握汽油车排气污染物的主要成分，了解排气污染物的生成机理，并掌握排气污染物的排放限值及检测方法，分析汽车排气污染物产生的原因。

要完成本学习任务，可以按照以下流程进行：

1）学习“汽车排气污染物的主要成分及生成机理”“汽车排气污染物的危害”“汽油车污染物排放限值及测量方法”等知识点。

2）学习 GB 18285—2018《汽油车污染物排放限值及测量方法（双怠速法及简易工况法）》、GB 18352.6—2016《轻型汽车污染物排放限值及测量方法（中国第六阶段）》等国家标准，了解污染物排放限值、测量方法和测量设备。

3）了解客户车辆的技术状态，分析车辆排放状况。

4）回答客户的问题，并给出合理的建议，消除客户的疑虑。

完成本任务所需的知识详见后续知识准备中的各知识点。

【知识准备】

知识点一　汽车排气污染物的主要成分及生成机理

2022年，全国机动车保有量达到4.17亿辆，同比增长5.6%，其中，新能源汽车保有量达到1310.0万辆。

2022年，全国机动车（含汽车、低速汽车、摩托车、挂车与拖拉机等）四项污染物排放总量为1466.2万t。其中，CO、HC、NO_x、颗粒物排放量分别为743.0万t、191.2万t、526.7万t、5.3万t。汽车是污染物排放总量的主要贡献者，其排放的CO、HC、NO_x和颗粒物超过90%。柴油车NO_x的排放量超过汽车排放总量的80%，颗粒物超过90%；汽油车CO、HC排放量超过汽车排放总量的80%。

1. CO

CO是燃油不完全燃烧的产物，当发动机混合气过浓或燃烧质量不佳时，易生成CO并从排气管排出。CO主要在以下几种情况下产生：

（1）混合气分布不均匀　从理论上讲，当混合气空燃比>14.7∶1时，排气中将不含CO而代之产生CO_2，和未参加燃烧的O_2，但现实中由于混合气的分布并不均匀，总会出现局部缺氧的情况，而产生CO。

（2）空气量不足　当混合气空燃比<14.7∶1时，必然会有部分燃料不能完全燃烧而生成CO，特别是发动机怠速时，混合气供给偏浓，发动机工作循环中的气体压力和温度不高，燃烧速率减慢，因不完全燃烧所生成的CO浓度增加；发动机在加速过程中供给较浓的混合气，或因点火过分推迟时，均会使CO的排放量增加。

（3）高温分解　由于燃烧后的高温，已经生成的CO_2，也会有小部分被分解成CO和O_2。

（4）还原反应　排气中的H_2和未燃烧HC也可能将排气中的部分CO_2还原成CO。

2. HC

HC是发动机燃烧不彻底、低温激冷、曲轴箱窜气或燃油箱蒸发的产物，其成分非常复杂，包括多种烃类化合物，总称烃类。当混合气过稀或缸内废气过多时，会出现火焰传播不充分的现象，即燃烧室部分地区由于混合气过稀或缸内残余废气系数过高而不能燃烧，出现断火现象，这时排气中的HC浓度会显著增加。发动机冷起动或怠速工况下混合气较浓，且燃烧温度过低时，发动机排出废气中的HC含量增加。

3. NO_x

NO_x是空气中的N_2与O_2在高温高压条件下反应而生成的。汽车发动机所排出废气中的NO_x主要由NO和NO_2构成。汽油机排出的NO_x中，NO占比例较大，而柴油机排出的NO_x中NO_2的占比例稍大。发动机的负荷和压缩比越高，发动机的燃烧温度越高，燃烧终了气缸内的压力越高，生成NO_x的条件也越充分。

4. 颗粒物

汽油机排出的颗粒物主要有铅化合物、硫酸盐和低分子物质。柴油机排出的颗粒物主要为含碳物质（碳烟）和高分子量有机物（润滑油的氧化和裂解产物）。它的来源主要有不可燃物质、可燃的但未进行燃烧的物质、燃烧生成物，以及来自燃料中的抗爆剂、润滑油添加剂及运动产生的磨屑等含金属成分的微粒物。

柴油机排出的颗粒物比汽油机多30~60倍。碳烟是柴油发动机燃烧不完全的产物，主要由直径为0.1~10μm的多孔性炭粒构成。当汽车起动、加速、上坡时，由于混合气过浓，碳烟排放量增加；或者柴油喷雾质量不高、雾化不良时，也会增大碳烟的排放量。

知识点二　汽车排气污染物的危害

汽车排气污染物散发到空气中达到一定浓度后，将对人和生物造成危害。汽车排气污染物对环境的影响主要有两个方面：一是环境污染的重要因素；二是参与形成光化学烟雾，进一步恶化空气质量。

1. CO 污染的危害

CO 是一种无色带刺激性的有毒气体，CO 与人体血液中血红蛋白的亲和力较氧气强 200~300 倍。血红蛋白是人体血液循环中供氧的载体，人们吸入 CO 后，血红蛋白就会先于氧气与 CO 相结合，形成碳氧血红蛋白，从而造成血液的输氧量减少。CO 与血红蛋白结合后需要 12~14h 才能分离，如果人们连续处于含有 CO 的空气中时间越长，血液中积累的碳氧血红蛋白越多，造成低氧血症，导致人体组织缺氧，轻者出现头疼、眩晕、反应迟钝等，严重的会造成死亡。

2. HC 污染的危害

汽车尾气中含有 200 多种 HC，其中至少有 32 种多环芳烃。HC 会导致人的骨髓功能减弱，使红、白血球细胞数量减少或在周围血液中产生血小板减少症。其醛类物质对眼、呼吸器官、皮肤等产生强烈的刺激性，造成肺机能下降。

3. NO_x 污染的危害

在汽车排气污染物中的 NO_x 主要为 NO 和 NO_2，NO 排入大气后会逐渐转变为 NO_2。高浓度的 NO 能引起中枢神经的瘫痪及痉挛。NO_2 能引起闭塞纤维性支气管炎等。空气中的 NO_x 在阳光充足的午前 2h 和午后 2h 这个时间段，容易在 HC 中发生光化学反应，产生的臭氧和 PAN 等对人体造成更大的危害。

4. 颗粒物污染的危害

汽车尾气中的颗粒物包含重金属化合物、黑烟以及油雾。人体呼吸使微颗粒物进入呼吸系统，引起呼吸器官疾病，严重的会引发癌症。此外，微颗粒物与皮肤或眼睛直接接触会阻塞毛囊和汗腺，从而引起皮肤和结膜发炎。柴油机产生碳烟是一种类似石墨形式的含碳物质，并凝聚和吸附了相当的高分子量有机物颗粒物，对光线还有散射作用，且吸光性强，消光率是其他悬浮微粒的 3~4 倍，会严重影响照明和人们的视野，给城市交通带来很大的隐患。另外，碳烟颗粒物沉积在物质表面会加快金属的腐蚀、油漆的退化和建筑物的损坏等。

知识点三 汽油车污染物排放限值及测量方法

1. 汽油车污染物排放限值

为贯彻《中华人民共和国环境保护法》和《中华人民共和国大气污染防治法》，防治汽车排气对环境的污染，保护生态环境，保障人体健康，生态环境部与国家市场监督管理总局联合发布 GB 18285—2018《汽油车污染物排放限值及测量方法（双怠速法及简易工况法）》、GB 18352.6—2016《轻型汽车污染物排放限值及测量方法（中国第六阶段）》。

GB 18285—2018《汽油车污染物排放限值及测量方法（双怠速法及简易工况法）》标准规定了汽油车双怠速法、稳态工况法、瞬态工况法和简易瞬态工况法排气污染物排放限值及测量方法。同时规定了汽油车外观检验、OBD 检查、燃油蒸发排放控制系统检测的方法和判定依据。适用于新生产汽车下线检验、注册登记检验和在用汽车检验。检测结果应小于表 4-1~ 表 4-4 规定的排放限值，其中，在用汽车排气污染物检测结果应符合表中规定的限值 a。

表 4-1 双怠速法检验排气污染物排放限值

类别	怠速		高怠速	
	CO（%）	$HC/10^{-6}$	CO（%）	$HC/10^{-6}$
限值 a	0.6	80	0.3	50
限值 b	0.4	40	0.3	30

表 4-2 稳态工况法排气污染物排放限值

类别	ASM5025			ASM2540		
	CO（%）	$HC/10^{-6}$	$NO/10^{-6}$	CO（%）	$HC/10^{-6}$	$NO/10^{-6}$
限值 a	0.50	90	700	0.40	80	650
限值 b	0.35	47	420	0.30	44	390

表 4-3 瞬态工况法排气污染物排放限值

类别	CO/（g/km）	$HC+NO_x$/（g/km）
限值 a	3.5	1.5
限值 b	2.8	1.2

表 4-4 简易瞬态工况法排气污染物排放限值

类别	CO/（g/km）	HC/（g/km）	NO_x/（g/km）
限值 a	8.0	1.6	1.3
限值 b	5.0	1.0	0.7

GB 18352.6—2016《轻型汽车污染物排放限值及测量方法（中国第六阶段）》规定了最大设计总质量不超过 3500kg 的 M_1 类、M_2 类和 N_1 类汽车型式检验的要求和方法，生产一致性和在用符合性检查的要求与判定方法。检测结果应小于表 4-5 和表 4-6 规定的排放限值。

表 4-5 Ⅰ型试验排放限值（6a 阶段）

车辆类别		测试质量 (*TM*)/kg	限值						
			CO/（mg/km）	THC/（mg/km）	NMHC/（mg/km）	NO_x/（mg/km）	N_2O/（mg/km）	PM/（mg/km）	PN/（个 /km）
第一类车		全部	700	100	68	60	20	4.5	6.0×10^{11}
第二类车	Ⅰ	$TM\leqslant1305$	700	100	68	60	20	4.5	6.0×10^{11}
	Ⅱ	$1305<TM\leqslant1760$	880	130	90	75	25	4.5	6.0×10^{11}
	Ⅲ	$1760<TM$	1000	160	108	82	30	4.5	6.0×10^{11}

表 4-6 Ⅰ型试验排放限值（6b 阶段）

车辆类别		测试质量 (*TM*)/kg	限值						
			CO/（mg/km）	THC/（mg/km）	NMHC/（mg/km）	NO_x/（mg/km）	N_2O/（mg/km）	PM/（mg/km）	PN/（个 /km）
第一类车		全部	500	50	35	35	20	3.0	6.0×10^{11}
第二类车	Ⅰ	$TM\leqslant1305$	500	50	35	35	20	3.0	6.0×10^{11}
	Ⅱ	$1305<TM\leqslant1760$	630	65	45	45	25	3.0	6.0×10^{11}
	Ⅲ	$1760<TM$	740	80	55	50	30	3.0	6.0×10^{11}

表中的第一类车是指包括驾驶人座位在内座位数不超过六座，且最大设计总质量不超过 2500kg 的 M 类汽车。第二类车是指标准适用范围内，除第一类车以外的其他所有汽车。

自 2020 年 7 月 1 日起，所有销售和注册登记的轻型汽车应符合本标准要求，其中 I 型试验应符合 6a 阶段限值要求；自 2023 年 7 月 1 日起，所有销售和注册登记的轻型汽车应符合本标准要求，其中，I 型试验应符合 6b 阶段限值要求。

2. 汽车排气污染物的测量方法

GB 18285—2018《汽油车污染物排放限值及测量方法（双怠速法及简易工况法）》标准规定自 2019 年 5 月 1 日起实施。在全国范围内进行的汽车环保定期检验应采用该标准规定的简易工况法进行，对无法使用简易工况法的车辆，可采用该标准规定的双怠速法进行。在用汽车检验项目包括外观检验、OBD 检查、排气污染物检测和燃油蒸发检测，检验前应进行环保联网核查，查验车辆有无环保违规记录。检验流程如图 4-1 所示。

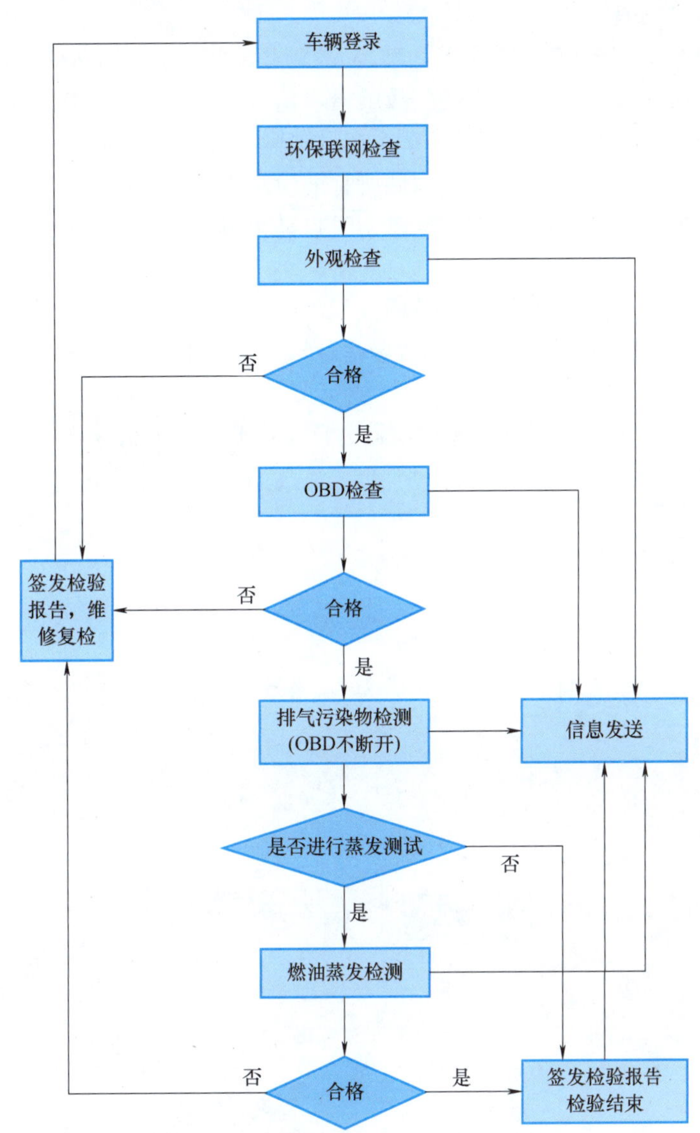

图 4-1　在用汽油车环保检验流程图

（1）在用汽车外观检查

1）检查被检车辆的车况是否正常。如有异常，应要求车主进行维修。

2）检查车辆是否存在烧机油，或者严重冒黑烟的现象，如有，应要求车主进行维修。

3）检查燃油蒸发控制系统连接管路的连接是否正确、完整。如果发现有老化、龟裂、破损或堵塞现象，应要求车主进行维修，对单一燃料的燃气汽车不需要进行此项检验。

4）检查发动机排气管、排气消声器和排气后处理装置的外观及安装紧固部位是否完好，如发现有腐蚀、漏气、破损或松动的，应要求车主进行维修。

5）检查车辆是否配置有 OBD。

6）判断车辆是否适合进行简易工况法检测，如不适合（例如：无法手动切换两驱驱动模式的全时四驱车和适时四驱等），应标注。进行简易工况法检测的，应确认车辆轮胎表面无夹杂异物。

7）变更登记、转移登记检验时应查验污染控制装置是否完好。

（2）在用汽车 OBD 检查

1）对配置有 OBD 的在用汽车，在完成外观检验后，应连接 OBD 诊断仪进行 OBD 检查。在随后的污染物排放检验过程中，不可断开 OBD 诊断仪。

2）OBD 检查项目包括故障指示器状态，诊断仪实际读取的故障指示器状态，故障码、MIL 灯点亮后行驶里程和诊断就绪状态值。

3）若车辆存在故障指示器故障（含电路故障）、故障指示器激活、车辆与 OBD 诊断仪之间的通信故障、仪表板故障指示器状态与 ECU 中记载的故障指示器状态不一致时，均判定 OBD 检查不合格。如果诊断就绪状态项未完成项超过两项，应要求车主在对车辆充分行驶后进行复检。

4）检验机构应使用计算机数据管理系统存储所有被检车辆 OBD 数据，不得人为篡改数据。

5）OBD 诊断仪应能实现对 OBD 检查数据的实时自动传输。作为排放检验一部分，OBD 获得的信息应自动保存到计算机系统中。

6）对要求配置远程排放管理车载终端的在用汽车，应查验其装置的通信是否正常。

7）如车辆污染控制装置被移除，而 OBD 故障指示灯未点亮报警的，视为该车辆 OBD 不合格。

（3）排气污染物检测

1）双怠速法测量程序如图 4-2 所示。所用仪器为汽车排放气体分析仪，如图 4-3 所示。

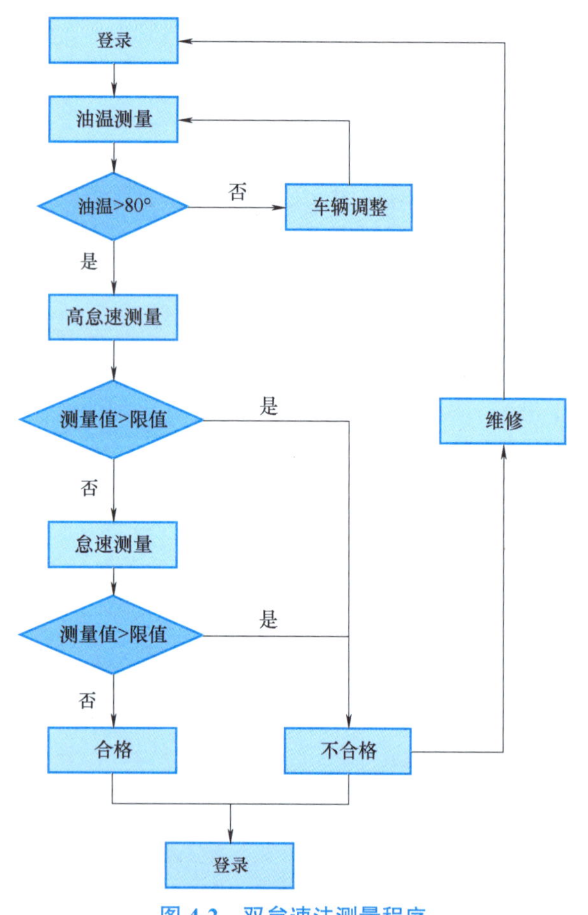

图 4-2　双怠速法测量程序

图 4-3　汽车排放气体分析仪

2）稳态工况法在底盘测功机上的测试运转循环由 ASM5025 和 ASM2540 两个工况组成，如图 4-4 所示。

ASM5025 工况：经预热后的车辆，在底盘测功机上以 25.0km/h 的速度稳定运行，系统根据测试车辆的基准质量按规定自动施加规定的载荷，测试过程中应保持施加的转矩不变，车速控制在规定的范围内。

ASM2540 工况：经预热后的车辆，在底盘测功机上以 40.0km/h 的速度稳定运行，系统根据测试车辆的整备质量按规定自动施加规定的载荷，测试过程中应保持施加的转矩不变，车速控制在规定的范围内。

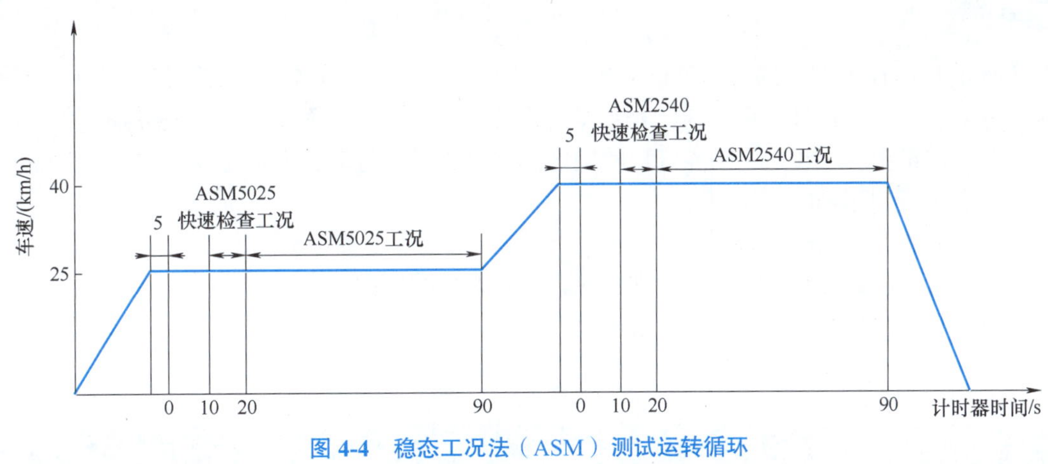

图 4-4 稳态工况法（ASM）测试运转循环

3）瞬态工况法在底盘测功机上进行的测试运转循环，测试期间平均车速：19km/h；有效行驶时间：195s；循环理论行驶距离：1.013km。

4）简易瞬态工况法测试运转循环与瞬态工况法相同。简易瞬态工况法使用与稳态工况法相同的检测设备和废气分析仪，如图 4-5 所示，增加了气体流量分析仪来测试尾气排放流量；采用与瞬态工况法相同的测试工况。

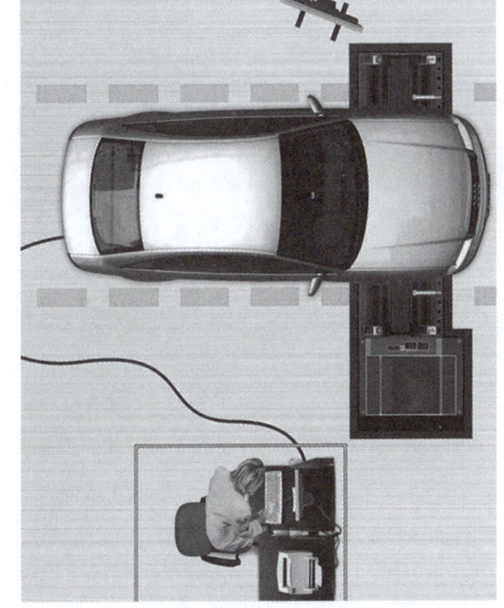

图 4-5 简易瞬态工况法汽车排气检测系统

3. 汽油车排气污染物排放超标的原因

在用汽油车排气污染物排放超标主要有以下几方面原因，如果发现汽油车排气污染物排放超标，应及时到正规的维修站进行检查和维修：

（1）进气系统堵塞 进气系统脏污堵塞，使进气不畅，导致尾气中 CO、HC、NO_x 超标。常见故障部位包括空气滤清器堵塞、空气流量传感器被异物遮蔽、节气门和进气门积炭过多、三元催化转化器前部堵塞等。

（2）三元催化转化器失效 三元催化转化器失效的原因有燃油中铅、硫、磷、锌含量超标，导致三元催化转化器中毒；三元催化转化器载体高温烧结；三元催化转化器堵塞。

（3）主要电子部件损坏 氧传感器损坏、空气流量传感器损坏、冷却液温度传感器损坏、火花塞电极间隙过大过小、点火线圈损坏、喷油器关闭不严、燃油蒸发排放电磁阀损坏、节气门损坏、油水分离器损坏都会导致尾气排放超标。

（4）燃烧室积炭 燃烧室积炭可导致发动机燃烧室温度过高、点火过早、爆燃，增加 NO_x 排放造成尾气排放超标。

（5）发动机机械故障　发动机机械故障主要指气门、活塞环密封不严以及气缸壁和活塞拉伤。这些故障引起气缸压力低而导致混合气燃烧不充分排放超标。另外，气门油封密封不良、气门导管磨损严重、活塞油环卡死及油水分离器损坏会导致大量机油窜入燃烧室中，不能完全燃烧而导致尾气排放中 CO 和 HC 超标。

如果汽油车排气污染物排放超标，应及时到正规的维修站进行检查和维修。

【任务实施】

任务导入

汽车年检的目的在于检查汽车主要技术状况，督促加强汽车的维护，使汽车经常处于完好的状态，确保汽车行驶安全。汽车排气污染物检测是年检的重要项目之一。下面，就结合任务描述中的情景，回答客户的问题，并给出合理建议，消除客户的疑虑。建议按以下行动过程来完成任务：

步骤一：了解客户车辆的使用情况。

步骤二：检查客户车辆的运行状况。

步骤三：回答客户的问题，并给出合理建议，消除客户的疑虑。

汽油车排气污染物检测实训记录表见表 4-7。

表 4-7　汽油车排气污染物检测实训记录表

客户基本信息				
姓名	性别	驾龄	联系方式	备注
了解客户车辆的使用情况				
检查客户车辆的运行状况				
回答客户的问题，并给出合理建议				

步骤四：评价工作成果与学习成果。

此步骤是在资料的汇总与整理基础上进行任务总结，可以尝试回答以下问题：

1. 你设定的目标是否达成？
2. 陈先生是否满意你的解答，并接受你的建议？

3. 你认为还需掌握哪些知识？

任务评价

评价表见表 4-8。

表 4-8 评价表

评分项	评分子项目	评分细则	自我评价	小组评价	教师评价
纪律（5 分）	1）不迟到 2）不早退 3）学习用品准备齐全 4）积极参与课程问题思考和回答 5）积极参与教学活动	未完成 1 项扣 1 分，扣分不得超过 5 分			
职业素养（15 分）	1）具备环保意识，规范尾气排放 2）勇于探索，实事求是 3）积极与他人合作 4）积极帮助他人 5）遵守礼仪礼节 6）做事态度严谨、认真 7）具备劳动精神，能主动做到场地的 6S 管理	未完成 1 项扣 5 分，扣分不得超过 15 分			
专业技能（40 分）	1）能熟知汽车排气污染物的主要成分及危害 2）能掌握汽油车排气污染物的排放限值及检测方法 3）能熟悉 OBD 检查的内容及方法 4）能够正确描述汽车排气污染物产生的原因	未完成 1 项扣 10 分，扣分不得超过 40 分			
工具及设备的使用（20 分）	1）能正确使用 iPad、计算机上的一些图片处理和视频拍摄软件 2）能正确使用谈判桌等场地工具	未完成 1 项扣 10 分，扣分不得超过 20 分			
任务工单填写（20 分）	1）字迹清晰 2）语句通顺 3）无错别字 4）无涂改 5）无抄袭 6）内容完整 7）回答准确 8）有独到的见解	未完成 1 项扣 5 分，扣分不得超过 20 分			

【知识自测】

1. 填空题

1）汽车排气污染物的主要成分包括________、________、________、________、________和________。

2）在用汽车检验项目包括________、________、________和________。

2. 简答题

1）汽车发动机排放物有哪些危害？

2）简述汽车有害排放物产生的原因。

3）检测汽油机的排放有哪几种方法？

4）汽油机排放检测的步骤是什么？

5）汽油车排气污染物排放超标有哪些原因？

【拓展提升】

1）阅读 GB 18285—2018《汽油车污染物排放限值及测量方法（双怠速法及简易工况法）》、GB 18352.6—2016《轻型汽车污染物排放限值及测量方法（中国第六阶段）》，列出各标准适用范围。

2）根据 GB 18285—2018《汽油车污染物排放限值及测量方法（双怠速法及简易工况法）》标准要求，并查阅相关的资料，了解稳态工况法、瞬态工况法、简易瞬态工况法三种简易工工况法的检测设备。

任务二　柴油车排气污染物检测

【任务描述】

柴油车排气污染物检测是一项至关重要的环保任务，它专注于评估柴油发动机车辆在运行过程中产生的有害排放物，确保这些污染物水平符合既定的环保标准，如 GB 3847—2018《柴油车污染物排放限值及测量方法（自由加速法及加载减速法）》、GB 17691—2018《重型柴油车污染物排放限值及测量方法（中国第六阶段）》等标准，确保柴油车尾气中的颗粒物、NO_x、CO 及 HC 等主要污染物排放符合限值要求。该任务通过采用专业的检测设备和先进的技术手段，如不透光度计、化学分析仪等，对柴油车尾气进行精确采样与分析。检测过程严格遵循国家规定的检测方法和流程，确保数据的准确性和可靠性。通过柴油车排气污染物检测，能够及时了解车辆排放状况，识别高排放车辆，并采取有效措施进行治理。这不仅有助于减少空气污染，保护公众健康，还能推动柴油车技术的改进和升级，促进汽车行业的绿色可持续发展。

李先生柴油车的颗粒捕捉器堵塞去 4S 店维修，他听说拆除颗粒捕捉器可以提高功率并减少故障，但颗粒捕捉器是减少柴油发动机尾气中颗粒物排放的重要装置，他又担心汽车年检时排气污染物超标。作为一名售后经理，请你结合专业知识给李先生答疑解惑，并给出合理的建议。

【任务目标】

通过本任务的学习，需要达成以下目标：

1. 熟知柴油车排气污染物的排放特点。
2. 了解柴油车排气污染物的处理方法。
3. 掌握柴油车排气污染物的排放限值及检测方法。
4. 熟悉 OBD 检查的内容及方法。
5. 能够正确描述柴油车排气污染物产生的原因。
6. 养成保护环境的意识，敬畏自然，与大自然和谐相处。
7. 养成勇于探索、实事求是的从业素养。

【任务分析】

通过本任务的学习，可以了解柴油车排气污染物的处理方法，掌握柴油车年检中排气污染物的检测流程和方法，分析柴油车排气污染物超标的原因。

要完成本学习任务，可以按照以下流程进行：

1）学习“柴油车排气污染物的处理方法”“柴油车排气污染物排放限值”“柴油车排气污染物测量

方法”等知识点。

2）分析 GB 3847—2018《柴油车污染物排放限值及测量方法（自由加速法及加载减速法）》、GB 17691—2018《重型柴油车污染物排放限值及测量方法（中国第六阶段）》等国家标准，了解柴油车污染物排放限值、测量方法及测量设备。

3）了解客户车辆的技术状态，分析车辆故障的原因。

4）回答客户的问题，并给出合理建议，消除客户的疑虑。

完成本任务所需的知识详见后续知识准备中的各知识点。

【知识准备】

知识点一　柴油车排气污染物的处理方法

柴油车在为城市货运和客运提供便利的同时，也逐渐变成了城市空气污染的主要原因之一。柴油机主要排放物为颗粒物质和 NO_x，而 CO 和 HC 排放较少。控制柴油机尾气排放主要是控制颗粒物质和 NO_x 的生成，降低颗粒物和 NO_x 的直接排放。柴油机与同等功率的汽油机相比，颗粒物和 NO_x 是排放中两种最主要的污染物。

柴油机尾气污染物催化净化原理、方法和技术的研究是当今世界环境催化领域的热门和难点课题之一。随着环保法规的日趋严格，柴油机尾气污染物对环境的污染和对人体健康的危害越来越受到人们的重视。

降低柴油机废气排放有两种方法，一种是内部净化，另一种是外部净化。所谓内部净化，主要是指改善柴油机在发动机内的燃烧状态，使其尽可能充分燃烧，降低燃烧温度。采取的主要措施有改善燃烧室形状，增大面容积比；改善进气道形状，在燃烧室内形成更强的进气涡流；提高喷油器的喷射压力，改善喷射规律；采用多级喷射技术，使燃烧室具有更好的燃烧性能；柴油机雾化更彻底，加速燃烧；采用废气再循环技术（EGR）。这些方法可以改善柴油机的燃烧状态，降低排气中 NO_x 和颗粒物的含量。然而这些措施根本改变不了柴油机的燃烧方式，同时，有些方法是矛盾的，为了减少颗粒物的排放，会增加 NO_x 的含量；为了减少 NO_x 的含量，颗粒物的排放量会增加。即便如此，面对越来越严格的排放法规，这些措施仍然不足以达到排放标准。因此，有必要采取外净化措施直接净化尾气。

所谓外部净化，是指对柴油机排放的废气进行直接净化。主要措施有氧化型催化转化器（DOC）、颗粒物氧化型催化转化器（POC）、柴油机颗粒捕集器（DPF）和选择性催化还原装置（SCR）。前三种主要是针对颗粒物的排放，而选择性催化还原装置（SCR）主要针对 NO_x。

1. 氧化型催化转化器

氧化型催化转化器（Diesel Oxidation Catalyst，DOC），是安装在发动机排气管路中，通过氧化反应，将发动机排气中 CO 和 HC 转化成无害的水（H_2O）和 CO_2 的装置，它是催化转化器技术中的早期产品。结构形式与三效催化转化器基本相同，只是催化剂涂层有所不同，只具有氧化能力，没有还原能力。DOC 对颗粒物的捕捉效果不如微粒滤清器，但是由于 HC 的点火温度较低（在 170℃下就可再生），所以 DOC 不需要昂贵的再生系统，投资费用较低。

2. 颗粒物氧化型催化转化器

颗粒物氧化型催化转化器（Particle Oxidation Catalyst，POC），使用金属载体，由特殊的多孔金属箔基板与金属网层构成。尾气流过时被导向邻近的通道，而颗粒物留在金属网上，基于不同的过滤直径和运行条件，POC 对颗粒物的去除效率为 40%~70%。POC 通常与 DOC 配合使用，就颗粒物而言，先由 DOC 将一部分颗粒物中的可溶性有机组分去除，后由 POC 捕集碳烟并氧化掉。

3. 柴油机颗粒捕集器

柴油机颗粒捕集器（Diesel Particulate Filter，DPF），是目前公认的降低柴油机颗粒物排放的有效手段，过滤效率可达 90% 以上。颗粒捕集器可以有效地减少微粒物的排放，它先捕集废气中的微粒物，然后再对捕集的微粒进行氧化，使颗粒捕捉器再生。所谓滤清器的再生是指在长期工作中，捕集器里的颗粒物逐渐增加会引起发动机背压升高，导致发动机性能下降，所以要定期除去沉积的颗粒物，恢复捕集器的过滤性能。捕集器的再生有主动再生和被动再生两种方法，主动再生指的是利用外界能量来提高捕捉器内的温度，使微粒着火燃烧。当捕集器中的温度达到 550℃时，沉积的颗粒物就会氧化燃烧，如果温度达不到 550℃，过多的沉积物就会堵塞捕捉器，这时就需要利用外加能源（例如电加热器、燃烧器或发动机操作条件的改变）来提高 DPF 内的温度，使颗粒物氧化燃烧。被动再生指的是利用燃油添加剂或者催化剂来降低微粒的着火温度，使微粒能在正常的发动机排气温度下着火燃烧。

4. 选择性催化还原装置

选择性催化还原装置（Selective Catalytic Reduction，SCR）是针对柴油车尾气排放中 NO_x 的一项处理工艺，即在催化剂的作用下，喷入还原剂氨或尿素，把尾气中的 NO_x 还原成 N_2 和 H_2O。催化剂有贵金属和非贵金属两类。

知识点二　柴油车排气污染物排放限值

为贯彻《中华人民共和国环境保护法》和《中华人民共和国大气污染防治法》，防治汽车排气对环境的污染，保护生态环境，保障人体健康，生态环境部与国家市场监督管理总局联合发布 GB 3847—2018《柴油车污染物排放限值及测量方法（自由加速法及加载减速法）》、GB 17691—2018《重型柴油车污染物排放限值及测量方法（中国第六阶段）》。

GB 3847—2018《柴油车污染物排放限值及测量方法（自由加速法及加载减速法）》标准规定了柴油车自由加速法和加载减速法排气污染物排放限值及测量方法以及柴油车外观检验、OBD 检查的方法和判定依据。适用于新生产柴油汽车下线检验、注册登记检验和在用汽车检验。检测结果小于表 4-9 中规定的排放限值，其中，在用汽车排气污染物检测结果应符合表中规定的限值 a。

表 4-9　在用汽车和注册登记排放检验排放限值

类别	自由加速法	加载减速法		林格曼黑度法
	光吸收系数（m^{-1}）或不透光度（%）	光吸收系数（m^{-1}）或不透光度（%）	NO_x（$\times 10^{-6}$）	林格曼黑度（级）
限值 a	1.2（40）	1.2（40）	1500	1
限值 b	0.7（26）	0.7（26）	900	

GB 17691—2018《重型柴油车污染物排放限值及测量方法（中国第六阶段）》标准规定了装用压燃式发动机汽车及其发动机所排放的气态和颗粒污染物的排放限值及测试方法；以及装用以天然气（NG）或液化石油气（LPG）作为燃料的点燃式发动机汽车及其发动机所排放的气态污染物的排放限值及测量方法。适用于装用压燃式、气体燃料点燃式发动机的 M_2、M_3、N_1、N_2 和 N_3 类及总质量大于 3500kg 的 M_1 类汽车及其发动机的型式检验、生产一致性检查、新生产车排放监督检查和在用车符合性检查。检测结果小于表 4-10 中规定的排放限值。

表 4-10　发动机标准循环排放限值

试验	CO/[mg/kW·h]	THC/[mg/kW·h]	NMHC/[mg/kW·h]	CH_4/[mg/kW·h]	NO_x/[mg/kW·h]	NH_3/(10^{-6})	PM/[mg/kW·h]	PN/[#/kW·h]
WHSC 工况（CI）	1500	130	—	—	400	10	10	8.0×10^{11}

（续）

试验	CO/[mg/kW·h]	THC/[mg/kW·h]	NMHC/[mg/kW·h]	CH_4/[mg/kW·h]	NO_x/[mg/kW·h]	NH_3/(10^{-6})	PM/[mg/kW·h]	PN/[#/kW·h]
WHTC 工况（CI）	4000	160	—	—	460	10	10	6.0×10^{11}
WHTC 工况（PI）	4000	—	160	500	460	10	10	6.0×10^{11}

注：CI= 压燃式发动机，PI= 点燃式发动机。

知识点三　柴油车排气污染物测量方法

GB 3847—2018《柴油车污染物排放限值及测量方法（自由加速法及加载减速法）》标准规定自 2019 年 5 月 1 日起开始实施。在全国范围内进行的汽车环保定期检验应采用本标准规定的加载减速法进行，对无法按加载减速法进行测试的车辆，可采用本标准规定的自由加速法进行。在用汽车检验项目包括外观检验、OBD 检查、排气污染物检测，检验前应进行环保联网核查，查验车辆有无环保违规记录。检验流程图如图 4-6 所示。

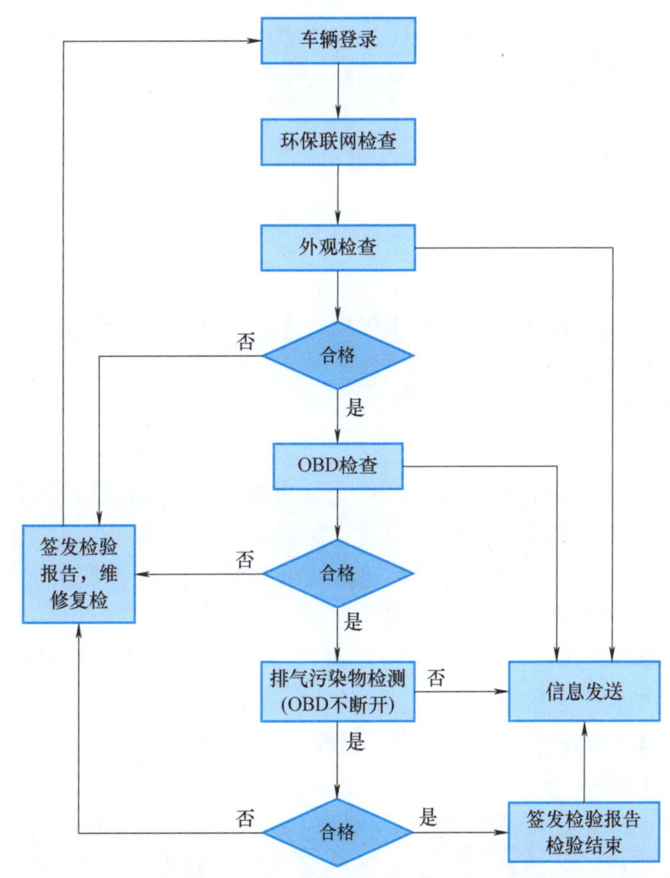

图 4-6　在用柴油车环保检验流程图

1. 自由加速法

1）通过目测进行车辆排气系统相关部件泄漏检查。排气取样探头插入汽车排气管中至少 400mm，如不能保证此插入深度，应使用延长管。

2）在每个自由加速循环的开始点发动机（包括废气涡轮增压发动机）均应处于怠速状态，对重型车用发动机，将加速踏板放开后至少等待 10s。

3）在进行自由加速测量时，必须在 1s 的时间内，将加速踏板连续完全踩到底，使供油系统在最短时间内达到最大供油量。

4）对每个自由加速测量，在松开加速踏板前，发动机应达到额定转速。在测量过程中，应监测发动机转速，检查是否符合试验要求（特殊无法测得发动机转速的车辆除外），并将发动机转速数据实时记录并上报。

5）检测过程应重复进行三次自由加速过程，烟度计应记录每次自由加速过程最大值，将上述三次自由加速烟度最大值的算术平均值作为测量结果。

2. 加载减速法

加载减速法排放检测由三部分组成：第一部分是对车辆进行预先检查，以检查受检车辆身份与车辆行驶证是否一致，以及进行排放检测的安全性检查；第二部分是检查检测系统和车辆状况是否适合进行检测；第三部分则是进行排放检测，由主控计算机系统控制自动进行排放检测，以保证检测过程的一致性和检测结果的可靠性。

每条检测线至少应设置三个岗位，一是计算机操作岗位，二是受检车辆驾驶人岗位，三是辅助检查岗位，各岗位人员均应随时注意受检车辆在检测过程中是否出现异常情况。

（1）预先检查　待检车辆完成检测登记后，驾驶检测员应将车辆驾驶到底盘测功机前等待检测，并进行车辆的预先检查。预先检查的目的是核实受检车辆和车辆行驶证是否相符，并评价车辆的状况是否能够进行加载减速检测。在检测准备工作中，应特别注意以下事项：对于非全时四轮驱动车辆，应根据车辆的驱动类型选择驱动方式：对于紧密型多驱动轴的车辆，或全时四轮驱动车辆等，不能进行加载减速检测，应进行自由加速排放检测。

（2）检测系统检查　检测系统检查的目的是判断底盘测功机是否能够满足待检车辆的功率要求，同时检查检测系统的工作状态是否正常。举起测功机升降板，并检查是否已将转鼓牢固锁好；小心将车辆驾驶到底盘测功机上，并将驱动轮置于转鼓中央位置；放下测功机升降板，松开转鼓制动器。待完全放下升降板后，缓慢驾驶使受检车辆的车轮与试验转鼓完全吻合；轻踩制动踏板使车轮停止转动，发动机熄火；按照测功机设备商的建议将受检车辆的非驱动轮楔住，固定车辆安全限位装置，对于前轮驱动的车辆，应有防侧滑措施。

（3）排放检测试验步骤

1）正式检测开始前，检测员应按以下步骤操作，以使控制系统能够获得自动检测所需的初始数据：起动发动机，变速器置于空档，逐渐加大节气门开度直到最大，并保持在最大开度状态，记录这时发动机的最大转速，然后松开加速踏板，使发动机回到怠速状态；使用前进档驱动被检车辆，选择合适的档位，使节气门处于全开位置时，测功机指示的车速最接近 70km/h，但不能超过 100km/h。对于装有自动变速器的车辆，应注意不要在超速档下进行测量。

2）计算机对按上述步骤获得的数据自动进行分析，判断是否可以进行后续的检测，被判定为不适合检测的车辆不允许进行加载减速检测。

3）在确认机动车可以进行排放检测后，将底盘测功机切换到自动检测状态。加载减速测试的过程必须完全自动化，在整个检测循环中，均由计算机控制系统自动完成对测功机加载减速过程的控制；自动控制系统采集二组检测状态下的检测数据。

4）检测开始后，检测员应始终将节气门保持在最大开度状态，直到检测系统通知松开加速踏板为止。

5）检测结束后，打印检测报告并存档。

6）按下列步骤将受检车辆驶离底盘测功机：从受检车辆上拆下所有测试和保护装置；将动力舱盖板复位；举起测功机升降板，锁住转鼓；去掉车轮挡块，确认受检车辆及其行驶路线周围没有障碍物或无关人员；车辆驾驶人在得到明确的驶离指令后，方可将受检车辆驶离底盘测功机，并停放到指定地点。

【任务实施】

任务导入

汽车年检的目的是检查汽车主要技术状况，督促加强汽车的维护，使汽车经常处于完好状态，确保汽车行驶安全。汽车排气污染物检测是年检的重要项目之一。下面，就结合任务描述中的情景，回答客户的问题，并给出合理建议，消除客户的疑虑。建议按以下行动过程来完成任务：

步骤一：了解客户车辆的使用情况。

步骤二：检查客户车辆的运行状况。

步骤三：回答客户的问题，并给出合理建议，消除客户的疑虑。

柴油车排气污染物检测实训记录表见表 4-11。

表 4-11　柴油车排气污染物检测实训记录表

客户基本信息				
姓名	性别	驾龄	联系方式	备注
了解客户车辆的使用情况				
检查客户车辆的运行状况				
回答客户的问题，并给出合理建议				

步骤四：评价工作成果与学习成果。

此步骤是在资料的汇总与整理基础上进行任务总结，可以尝试回答以下问题：

1. 你设定的目标是否达成？
2. 李先生是否满意你的解答，并接受你的建议？
3. 你认为还需掌握哪些知识？

任务评价

评价表见表 4-12。

表 4-12　评价表

评分项	评分子项目	评分细则	自我评价	小组评价	教师评价
纪律 （5 分）	1）不迟到 2）不早退 3）学习用品准备齐全 4）积极参与课程问题思考和回答 5）积极参与教学活动	未完成 1 项扣 1 分，扣分不得超过 5 分			
职业素养 （15 分）	1）具备环保意识，规范尾气排放 2）勇于探索，实事求是 3）积极与他人合作 4）积极帮助他人 5）遵守礼仪礼节 6）做事态度严谨、认真 7）具备劳动精神，能主动做到场地的 6S 管理	未完成 1 项扣 5 分，扣分不得超过 15 分			
专业技能 （40 分）	1）能够熟知柴油车排气污染物的排放特点 2）能够了解柴油车排气污染物的处理办法 3）能够熟知柴油车排气污染物的排放限值 4）能够正确描述柴油车排气污染物检测方法	未完成 1 项扣 10 分，扣分不得超过 40 分			
工具及设备的使用 （20 分）	1）能正确使用 iPad、计算机上的一些图片处理和视频拍摄软件 2）能正确使用谈判桌等场地工具	未完成 1 项扣 10 分，扣分不得超过 20 分			
任务工单填写 （20 分）	1）字迹清晰 2）语句通顺 3）无错别字 4）无涂改 5）无抄袭 6）内容完整 7）回答准确 8）有独到的见解	未完成 1 项扣 5 分，扣分不得超过 20 分			

【知识自测】

1. 填空题

1）柴油机与同等功率的汽油机相比，________和________是排放中两种最主要的污染物。

2）降低柴油机废气排放有两种方法，一种是________，另一种是________。

2. 简答题

1）如何检测柴油机的排放？

2）柴油机排放的废气外部净化主要措施有哪些？

3）在用柴油汽车检验项目包括哪些？

【拓展提升】

1）阅读 GB 3847—2018《柴油车污染物排放限值及测量方法（自由加速法及加载减速法）》、GB 17691—2018《重型柴油车污染物排放限值及测量方法（中国第六阶段）》，列出各标准适用范围。

2）根据 GB 3847—2018《柴油车污染物排放限值及测量方法（自由加速法及加载减速法）》标准要求，并查阅相关的资料，了解自由加速法和加载减速法检测柴油车排气污染物所需的检测设备。

任务三　汽车噪声检测

【任务描述】

汽车噪声检测是一项综合性的环保与质量控制任务，旨在确保汽车在各种运行工况下产生的噪声水平符合国家环保标准，保护公众健康，同时提升汽车产品的市场竞争力。GB 1495—2022《汽车加速行驶车外噪声限值及测量方法》与 GB 16170—1996《汽车定置噪声限值》是汽车产品领域唯一的两个噪声强制性标准，其中，GB 1495—2022《汽车加速行驶车外噪声限值及测量方法》主要用于新生产汽车产品的管理，GB 16170—1996《汽车定置噪声限值》主要用于在用汽车的管理，两者的组合共同组成了汽车产品全使用周期的噪声管理办法。该任务要求运用先进的声学测量技术和设备，对汽车进行全方位、多层次的噪声评估。汽车噪声检测任务不仅关注车内噪声，还涉及车外噪声的测量，特别是加速行驶时的车外噪声，这对于评估汽车对周围环境的影响至关重要。此外，任务还强调了对测量设备的校准和维护，以确保测量结果的准确性和可靠性。

陈先生到 4S 店进行车辆维护，向接待人员反映他的汽车车内噪声很大，希望 4S 店查找原因，并给出一个降低车内噪声的解决方案。作为一名售后经理，请你结合专业知识为陈先生车辆进行车内噪声检测，分析噪声的来源，并给出合理的解决方案。

【任务目标】

通过本任务的学习，需要达成以下目标：

1. 熟知汽车噪声的来源及危害。
2. 掌握汽车噪声的限值及检测标准。
3. 能够正确解释汽车噪声检测的理由及评价指标。
4. 能够正确分析汽车噪声产生的原因。
5. 养成保护环境的意识，敬畏自然，与大自然和谐相处。
6. 养成勇于探索、实事求是的职业素养。

【任务分析】

通过本任务的学习，可以熟知汽车噪声的来源，掌握汽车噪声的危害，并能够正确分析汽车噪声产生的原因，了解汽车噪声限值、测量方法和测量设备。

要完成本学习任务，可以按照以下流程进行：

1）学习“汽车噪声的来源”“汽车噪声的危害”“汽车噪声限值及测量方法”等知识点。

2）分析 GB 7258—2017《机动车运行安全技术条件》、GB/T 18697—2002《声学 汽车车内噪声测量方法》、GB/T 25982—2010《客车车内噪声限值及测量方法》、GB 1495—2002《汽车 加速行驶车外噪声限值及测量方法》、GB 16170—1996《汽车定置噪声限值》、GB/T 14365—2017《声学 机动车辆定置噪声声压级测量方法》等国家标准，了解汽车噪声的检测方法和检测设备。

3）了解客户车辆的技术状态，并检测车辆车内噪声。

4）分析噪声的主要来源，并给出合理的解决方案。

完成本任务所需的知识详见后续知识准备中的各知识点。

【知识准备】

知识点一 汽车噪声的来源

汽车的噪声问题是由多个部分共同作用所引起的，它主要包含了发动机噪声、排气噪声、进气噪声、风扇噪声、传动系统噪声、轮胎噪声以及空气阻力噪声等。汽车在低速行驶时主要的噪声源是动力系统（发动机噪声、排气噪声），当行驶速度提高时，轮胎路面噪声开始成为主要的噪声源之一。

1. 发动机噪声

发动机是汽车整车振动与噪声的主要来源。发动机噪声主要是燃烧噪声和机械噪声。

燃烧噪声是气缸内周期变化的气体压力的作用而产生的，气缸内可燃混合气燃烧时产生的压力变化，通过活塞、连杆、主轴承传至机体以及通过气缸盖等引起内燃机结构表面振动而辐射出来。通常来讲，汽油机的燃烧噪声较小，只有在发生爆燃和表面点火时才会产生很高的噪声。而柴油机由于缸内压力较高，燃烧时缸内压力升高率比汽油机高，所以柴油机的燃烧噪声远高于汽油机。

机械噪声是指由于气体压力及机件的惯性作用，使相对运动零件之间产生撞击和振动而形成的噪声。主要包括活塞连杆组噪声（活塞、连杆、曲轴等运动件撞击气缸体产生的噪声）、配气机构噪声、柴油机供给系统噪声等。活塞连杆组噪声是发动机最主要的机械噪声源。其噪声大小与活塞和缸壁间隙、发动机转速、负荷、活塞与缸壁间润滑条件、活塞的结构及材料、活塞环数及张力、缸套厚度等有关。配气机构噪声是由于气门开启和关闭时产生的撞击及系统振动而形成的噪声，气门运动速度、气门间隙、配气机构结构形式、零部件刚度及质量等是影响配气机构噪声的主要因素。柴油机供油系统噪声主要是由于喷油泵、喷油器和高压油管系统振动引起的，其中，喷油泵形成的噪声是主要的机械噪声。

2. 排气噪声

排气噪声是汽车的主要噪声源，它通常比其他噪声要高 10~15dB（A）。排气噪声主要是由发动机排气门周期性开闭所产生的压力脉冲激发气流振动而产生的，排气噪声的大小与发动机额定功率、转速和气门压力等因素有关，并随着发动机的负荷而变化。

3. 进气噪声

在发动机的空气动力噪声中，进气噪声是主要部分，由于进气门存在的周期性开启与闭合动作而产生了压力起伏变化，从而形成进气噪声。当进气门打开时，在进气管中就会产生一个压力脉冲，而当进气门关闭时，同样又产生一个具有一定持续时间的压力脉冲。

4. 风扇噪声

汽车在工作的过程中，需要对发动机进行冷却处理，以免温度过高影响发动机的正常运转。在风扇进行降温工作的过程中，由于风扇的转动产生了风扇噪声，而且它的转速越快所产生的噪声就越大。风扇的噪声主要是由风扇转动时与空气的相互作用而引起的，主要包括了空气涡流所形成的噪声和风扇的叶片转动中形成的噪声。

5. 传动系统噪声

传动系统噪声包括变速器噪声、万向传动装置噪声、驱动桥噪声及传动轴噪声。变速器噪声主要是齿轮传动引起的噪声，润滑油搅拌声，齿轮加工误差和安装误差引起的传动噪声，发动机振动传至变速器壳体而产生的噪声等；传动轴和万向传动装置产生的噪声主要是因传动轴变形、传动轴动不平衡、轴承松动、万向节装配不良等原因造成的；驱动桥噪声主要是主减速器、差速器、半轴之间齿隙调整不当，齿轮装配不当时产生的。

6. 轮胎噪声

轮胎噪声是由于压挤空气和轮胎振动而形成的。当轮胎高速滚动时，轮胎与路面摩擦同时轮胎会发生变形，花纹与路面之间的空气也会受到压挤，随着轮胎的转动，在轮胎离开接触面时空气又被释放，这样连续不停地压挤释放使空气发出噪声，所以车速越快噪声越大，车辆越重噪声越大，轮胎面花纹沟越深，压挤与释放时的空气越多，噪声就越大。而轮胎的振动与轮胎本身的刚度和阻尼系数有关。同时，路面状况的好坏，会直接影响轮胎发出的噪声。

7. 空气阻力噪声

高速行驶的汽车车身外会存在空气流动噪声。当汽车的速度越快时，这种阻力就会越大。同时，受力面积越大，阻力也越大，风噪越大。由于空气阻力和汽车行驶速度的平方成正比，因而空气流动噪声会随着汽车行驶速度的提高而明显增加。

知识点二　汽车噪声的危害

噪声是一种感觉公害，它与其他有害有毒物质引起的公害不同。它不会产生污染物，即噪声在空中传播时并未给周围环境留下任何毒害性的物质。噪声对环境的影响不积累、不持久，传播的距离也有限。噪声声源分散，而且一旦声源停止发声，噪声也就消失，噪声不能集中处理，需用特殊的方法进行控制。噪声对环境的危害程度取决于噪声的频率、强度及暴露时间。汽车噪声是当前城市环境中噪声污染问题的主要来源，由此带来的噪声污染对人们工作和健康的影响也越来越受到普遍关注，主要危害包括：

1. 噪声对听力的损伤

噪声对人体的危害最直接的是听力的损害。对听觉的影响，是以人耳暴露在噪声环境前后的听觉灵敏度来衡量的，这种变化称为听力损失，指人耳朵在各频率下的升移，简称阈移。当人暴露在噪声环境中时间不长，阈值的偏移还能恢复，但如果人们长期在强烈的噪声环境中工作，日积月累，耳朵器官不断受噪声刺激，就不能恢复到之前的听力阈值了，这就是噪声性耳聋。如果人突然暴露于极其强烈的噪声环境中，听觉器官会发生急剧外伤，引起鼓膜破裂出血，螺旋器从基底膜急性剥离，可能使人耳完全失去听力，即出现爆震性耳聋。一般情况下，85dB 以下的噪声不至于危害听觉，而 85dB 以上可能发生危险。统计表明，长期工作在 90dB 以上的噪声环境中，耳聋发病率明显增加。

2. 噪声能诱发多种疾病

如果人体长期处在高强度的噪声环境中，不仅会影响听觉系统，而且还会对身体的其他器官造成损害。这是由于噪声会通过听觉系统作用于大脑的神经中枢进而导致人体的各种器官发生病变，给人体带来严重的危害，具体表现为头痛、脑涨、耳鸣、失眠、全身疲乏无力以及记忆力减退等神经衰弱症状，所以要尽可能地远离噪声污染的环境。大量研究显示，长期处在高强度噪声环境下的工人和正常环境下的工人相比，高血压、动脉硬化和冠心病的发病率要高 2~3 倍，可见噪声会导致心血管系统疾病。严重的噪声污染还会刺激消化功能，常常导致恶心、头晕和消化不良等症状，引起功能障碍。另外，噪声污染还会影响其他身体器官的正常功能。此外，噪声对视觉器官、内分泌机能及胎儿的正常发育等方面也会产生一定影响。总的来说，噪声会对人体造成多种不良的影响，长时间生活在噪声污染的环境中会导致身体素质下降，尤其是免疫功能的下降而引发各种疾病。

3. 噪声对生活工作的干扰

严重的噪声污染会直接地干扰到人的睡眠质量，因为即便是在熟睡中噪声也会通过听觉系统来刺激人的大脑神经，使人体极易产生幻觉和多梦等症状，导致睡眠质量下降。如果突然间受到强烈的噪声刺激导致人从熟睡中惊醒，就会对神经系统造成严重的干扰。调查研究显示，当一个人突然受到噪声刺激时，就会出现长达 4s 左右的思维涣散。由此可知，噪声会使人精力不集中、神经麻木、反应迟缓，造成工作上的失误，甚至导致严重的生产事故。研究结果表明，连续噪声可以加快熟睡到轻睡的回转，使人多梦，并使熟睡的时间缩短；突然的噪声可以使人惊醒。一般来说，40dB 连续噪声可使 10% 的人受到影响，70dB 可影响 50% 的人，而突发的噪声在 40dB 时，可使 10% 的人惊醒，到 60dB 时，可使 70% 的人惊醒。长期干扰睡眠会造成失眠、疲劳无力、记忆力衰退，甚至产生神经衰弱症候群等。在高噪声环境里，这种病的发病率可达 50%~60%。

知识点三　汽车噪声限值及测量方法

为贯彻《中华人民共和国环境保护法》和《中华人民共和国环境噪声污染防治法》，加强机动车噪声的控制和管理，改善环境质量，生态环境部、国家市场监督管理总局等部门发布了以下几个关于汽车噪声的标准：GB 7258—2017《机动车运行安全技术条件》、GB/T 18697—2002《声学 汽车车内噪声测量方法》、GB/T 25982—2024《客车车内噪声限值及测量方法》、GB 1495—2002《汽车加速行驶车外噪声限值及测量方法》、GB 16170—1996《汽车定置噪声限值》、GB/T 14365—2017《声学 机动车辆定置噪声声压级测量方法》。

1. 汽车车内噪声

1）GB 7258—2017《机动车运行安全技术条件》规定了汽车（纯电动汽车、燃料电池汽车和低速汽车除外）驾驶人耳旁噪声声级应小于或等于 90dB（A）。测量方法如下：

① 汽车空载，处于静止状态且置变速器于空档，发动机应处于额定转速状态（当发动机正常工作状态下无法达到额定转速时，则采用可达到的最大转速进行测量，并对测量转速进行记录说明），门窗紧闭。

② 测量位置在驾驶人座位上，垂直坐标是无人座椅的表面与靠背表面的交线以上（0.7 ± 0.05）m 处，水平横坐标向右（右置转向盘的汽车则向左）到座位中心面的距离为（0.2 ± 0.02）m；具体位置如图 4-7 所示。

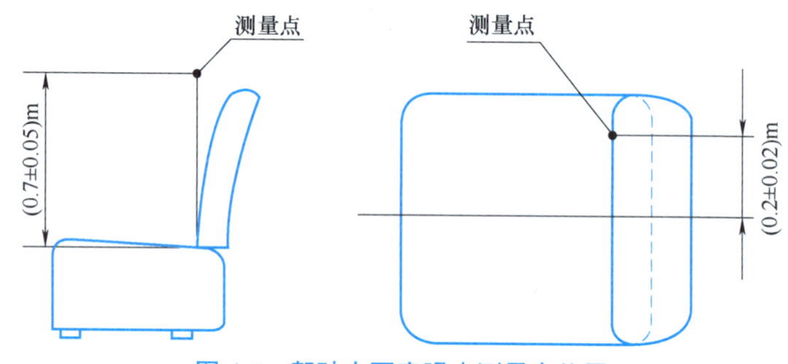

图 4-7　驾驶人耳旁噪声测量点位置

③ 环境噪声应低于被测噪声值至少 10dB（A）。

④ 测量用声级计满足 1 级声级计的要求，测量时应使用“A”频率计权特性和“F”时间计权特性。

2）GB/T 25982—2024《客车车内噪声限值及测量方法》规定了新生产的 M_2 和 M_3 类车辆车内噪声的限值和测量方法。客车车内噪声声压级不应超过表 4-13 规定的数值。

表 4-13　各类客车车内噪声声压级限值

车辆种类			测试工况	车内噪声声压级限值 /dB（A）	
内燃机客车、混合动力客车	城市客车	前置发动机	加速行驶工况	驾驶区	86
				乘客区	86
		后置发动机	加速行驶工况	驾驶区	77
				乘客区	80
			匀速行驶工况	驾驶区	72
				乘客区	75
	其他客车	前置发动机	匀速行驶工况	驾驶区	76
				乘客区	76
		后置发动机	匀速行驶工况	驾驶区	71
				乘客区	73
纯电动客车及具有纯电动模式的客车	城市客车		加速行驶工况	驾驶区	75
				乘客区	79
			匀速行驶工况	驾驶区	70
				乘客区	72
	其他客车		匀速行驶工况	驾驶区	71
				乘客区	73

2. 汽车加速行驶车外噪声

GB 1495—2002《汽车加速行驶车外噪声限值及测量方法》规定了新生产的M和N类汽车加速行驶车外噪声的限值及测量方法。汽车加速行驶时，其车外最大噪声级不应超过表4-14规定的限值。

表4-14　汽车加速行驶车外噪声限值

汽车分类	噪声限值/dB（A）	
	第一阶段	第二阶段
	2002.10.1—2004.12.30期间生产的汽车	2005.1.1以后生产的汽车
M_1	77	74
M_2（$GVM \leqslant 3.5t$）或N_1（$GVM \leqslant 3.5t$）：		
$GVM \leqslant 2t$	78	76
$2t<GVM \leqslant 3.5t$	79	77
M_2（$3.5t<GVM \leqslant 5t$）或M_3（$GVM>5t$）：		
$P<150kW$	82	80
$P \geqslant 150kW$	85	83
N_2（$3.5t<GVM \leqslant 12t$）或N_3（$GVM>12t$）：		
$P<75kW$	83	81
$75kW \leqslant P<150kW$	86	83
$P \geqslant 150kW$	88	84

说明：
a）M_1、M_2（$GVM \leqslant 3.5t$）和N_1类汽车装用直喷式柴油机时，其限值增加1dB（A）
b）对于越野汽车，其$GVM>2t$时：
如果$P<150kW$，其限值增加1dB（A）
如果$P \geqslant 150kW$，其限值增加2dB（A）
c）M_1类汽车，若其变速器前进档多于四个，$P>140kW$，P/GVM之比大于75kW/t，并且用第三档测试时其尾端出线的速度大于61km/h，则其限值增加1dB（A）

GB 1495—2002《汽车加速行驶车外噪声限值及测量方法》的作用在于控制汽车在最恶劣工况下（全加速踏板加速）的噪声水平，以期达到控制城市交通环境噪声的目的，其监测的指标为汽车在特定档位、全加速踏板加速工况下发出的A计权的声压级值。目前，GB 1495《汽车加速行驶车外噪声限值及测量方法（中国第三、四阶段）》标准正在修订中。

3. 汽车定置噪声

GB 16170—1996《汽车定置噪声限值》规定了城市道路允许行驶的在用汽车定置噪声的限值。

测量位置距离排气口参考点（0.5 ± 0.01）m，与包含排气口末端轴线的竖直平面成（45 ± 5）°，并与参考点等高，其最大噪声级不应超过表4-15规定的限值。

表4-15　汽车定置噪声限值

车辆类型	燃料种类	噪声限值/dB（A）	
		1998年1月1日前生产的汽车	1998年1月1日起生产的汽车
轿车	汽油	87	85
微型客车、货车	汽油	90	88
轻型客车、货车	汽油：$n \leqslant 4300r/min$	94	92
	汽油：$n>4300r/min$	97	95
轻型客车、货车、越野车	柴油	100	98
中型客车、货车、大型客车	汽油	97	95
大型客车	柴油	103	101
重型货车	$N \leqslant 147kW$	101	99
	$N>147kW$	105	103

GB 16170—1996《汽车定置噪声限值》和 GB/T 14365—2017《声学 机动车辆定置噪声声压级测量方法》控制的是汽车静止，发动机达到 75% 额定转速时，汽车车外周边的 A 计权的声压级值，其目的是确保汽车排气消声系统符合要求并状态完好。

GB 1495—2002《汽车加速行驶车外噪声限值及测量方法》与 GB 16170—1996《汽车定置噪声限值》是汽车产品领域唯一的两个噪声强制性标准，其中，GB 1495—2002《汽车加速行驶车外噪声限值及测量方法》主要用于新生产汽车产品的管理，GB 16170—1996《汽车定置噪声限值》主要用于在用汽车的管理，两者的组合共同组成了汽车产品全使用周期的噪声管理办法。

【任务实施】

任务导入

汽车噪声不仅造成周围环境的污染，影响人们的生活和工作，而且车内的噪声是影响车辆舒适性的主要因素之一。为了提高车辆的舒适性，世界各大汽车公司都把对车内噪声的控制作为重要的研究方向，特别是轿车，车内噪声状况更是衡量轿车档次的标准之一。下面，就结合任务描述中的情景，检测客户车辆车内噪声；分析噪声的主要来源，并给出合理的解决方案。建议按以下行动过程来完成任务：

步骤一：了解客户车辆的技术状况。

步骤二：检测客户车辆的车内噪声。

步骤三：分析噪声的来源，并给出合理的解决方案。

汽车噪声检测实训记录表见表 4-16。

表 4-16 汽车噪声检测实训记录表

客户基本信息				
姓名	性别	驾龄	联系方式	备注
客户车辆的技术状况				
检测客户车辆的车内噪声				
分析噪声的来源，并给出合理的解决方案				

步骤四：评价工作成果与学习成果。

此步骤是在资料的汇总与整理基础上进行任务总结，可以尝试回答以下问题：

1. 你设定的目标是否达成？
2. 能否正确分析噪声的来源，并给出合理的解决方案？
3. 陈先生是否满意你的解决方案？
4. 你认为还需掌握哪些知识？

任务评价

评价表见表 4-17。

表 4-17　评价表

评分项	评分子项目	评分细则	自我评价	小组评价	教师评价
纪律 （5 分）	1）不迟到 2）不早退 3）学习用品准备齐全 4）积极参与课程问题思考和回答 5）积极参与教学活动	未完成 1 项扣 1 分，扣分不得超过 5 分			
职业素养 （15 分）	1）具备环保意识 2）勇于探索，实事求是 3）积极与他人合作 4）积极帮助他人 5）遵守礼仪礼节 6）做事态度严谨、认真 7）具备劳动精神，能主动做到场地的 6S 管理	未完成 1 项扣 5 分，扣分不得超过 15 分			
专业技能 （40 分）	1）能够正确分析汽车噪声产生的原因 2）能掌握汽车噪声的危害 3）能熟悉汽车噪声的限值及测量方法 4）能够正确检测汽车车内噪声	未完成 1 项扣 10 分，扣分不得超过 40 分			
工具及设备的使用 （20 分）	1）能正确使用 iPad、计算机上的一些图片处理和视频拍摄软件 2）能正确使用声级计 3）能正确使用谈判桌等场地工具	未完成 1 项扣 10 分，扣分不得超过 20 分			
任务工单填写 （20 分）	1）字迹清晰 2）语句通顺 3）无错别字 4）无涂改 5）无抄袭 6）内容完整 7）回答准确 8）有独到的见解	未完成 1 项扣 5 分，扣分不得超过 20 分			

【知识自测】

1. 填空题

1）发动机噪声主要是________和________。

2）噪声是一种________公害，它与其他有害有毒物质引起的公害不同。

2. 简答题

1）汽车噪声主要包含哪些？

2）汽车噪声有哪些危害？

3）简述汽车车内噪声检测方法。

4）简述 GB 1495—2002《汽车加速行驶车外噪声限值及测量方法》与 GB 16170—1996《汽车定置噪声限值》的相互关系。

【拓展提升】

1）阅读 GB 1495—2002《汽车加速行驶车外噪声限值及测量方法》、GB/T 14365—2017《声学 机动车辆定置噪声声压级测量方法》，了解车外噪声检测点及检测步骤。

2）查阅相关的资料，根据汽车噪声来源的分析，列出降低汽车噪声的方法。

项目五

汽车仪表照明系统检测

【项目导入】

前照灯是汽车在夜间或在能见度较低的条件下为驾驶人提供行车道路照明的重要设备，也是驾驶人发出警示、进行联络的灯光信号装置，前照灯出现问题后会影响行车安全。汽车行驶速度与行车安全有着直接的关系，为了行车安全，特别是在限速路段和限速车道上行驶时，驾驶人必须按照车速表的指示值，根据车辆、行人和道路情况，准确地控制车速。

为了更好地完成教学目标，达成教学效果，本项目针对汽车仪表照明系统设计了两大典型的工作任务。

项目知识导图：

任务一　汽车前照灯检测

【任务描述】

汽车前照灯检测是确保汽车前照灯在各种行驶条件下都能提供稳定、高效的照明效果，从而保障行车安全。具体而言，汽车前照灯检测涵盖了多个关键方面，包括远光发光强度、近光发光强度、光轴偏移量（即垂直偏移量和水平偏移量）等。这些检测项目直接关联到前照灯的性能表现，对于确保车辆在夜间或视线不良条件下的行驶安全至关重要。在检测过程中，需要使用专业的前照灯检测仪等设备，对前照灯的各项指标进行精确测量。针对不同类型的前照灯，如 LED 灯、卤素灯、氙气灯等，检测标准和方法也会有所不同，以确保检测的准确性和有效性。通过检测，可以及时发现前照灯存在的问题，如发光强度不足、光轴偏移等，并进行相应的调整或更换，以确保前照灯的性能符合国家标准和行业标准。

王女士到 4S 店进行车辆维护，向接待人员反映晚上开车时感觉灯光不够亮，想改装前照灯，但又担心年检通不过，希望接待人员能给出一个解决方案。作为一名售后经理，请你结合专业知识给王女士一个合理的解决方案。

【任务目标】

通过本任务的学习，需要达成以下目标：

1. 熟知汽车前照灯的标准要求。
2. 掌握汽车前照灯的检测方法。
3. 能正确分析汽车前照灯不合格的原因。
4. 树立遵纪守法的自觉性，养成文明开车的良好行为习惯。
5. 养成良好的心理素质和克服困难的能力。
6. 养成勇于探索、实事求是的职业素养。

【任务分析】

通过本任务的学习，可以掌握汽车前照灯的评价指标，了解汽车前照灯的标准要求及检测方法，熟悉汽车前照灯不合格的常见原因。

要完成本学习任务，可以按照以下流程进行：

1）学习“汽车前照灯的标准要求”“汽车前照灯的检测方法”及“汽车前照灯不合格的原因”等知识点。

2）熟悉 GB 7258—2017《机动车运行安全技术条件》国家标准，了解汽车前照灯的远光光束发光强度和光束照射位置的检测方法和检测设备。

3）对客户车辆的前照灯远光光束发光强度和光束照射位置进行检测。

4）分析前照灯不合格的原因，并给出合理的解决方案。

完成本任务所需的知识详见后续知识准备中的各知识点。

【知识准备】

知识点一　汽车前照灯的标准要求

前照灯是汽车在夜间或在能见度较低的条件下，为驾驶人提供行车道路照明的重要设备，也是驾驶人发出警示联络的灯光信号装置。在行车过程中，汽车受到振动，可能引起前照灯部件的安装位置发生变动，从而改变光束的正确照射方向；同时，灯泡在使用过程中会逐步老化，反射镜也会受到污染而使其聚光效果变差，导致前照灯的亮度不足。这些变化，都会使驾驶人对前方道路情况辨认不清，或在与对面来车交会时造成对方驾驶人炫目等，从而导致事故的发生，影响行车安全。所以，为了保证夜间行车安全，前照灯的发光强度和光束的照射位置被列为汽车运行安全检测的必检项目。

1. 光的物理单位

（1）发光强度　发光强度表示光源发出的光强弱的程度。单位是坎德拉，简称“坎”，用符号 cd 表示。在国际单位制（SI）中规定：一光源在给定方向上发出频率为 540×10^{12}Hz 的单色辐射，且在此方向上的辐射强度为每球面度 1/683W 时，则此光源在该方向上的发光强度为 1cd。

（2）照度　照度表明受光物体被光源照明的程度。单位是勒克斯，用符号 lx 表示。1lx 为 1lm 的光通量均匀分布在 $1m^2$ 表面上所产生的光照度，也等于 1cd 的点光源在半径为 1m 的球面上产生的光照度。若用 S 代表被照明的面积，Φ 代表照射到物体上的光通量，则照度为

$$E=\Phi/S$$

（3）发光强度和照度的关系　发光强度是针对光源本身而言的，而照度是针对被照亮的物体而言的。发光强度与照度之间有一定的关系，在照明灯发光强度不变的情况下，物体离开光源越远，被照明的程度越差，说明被照明物照度的变化和光源的距离有关，在不计光源大小的情况下（看作点光源），照度与离开光源距离的平方成反比，与光源的发光强度成正比，即

照度 = 发光强度 / 离光源距离的平方

2. 汽车用灯丝灯泡前照灯配光性能

GB 4599—2007《汽车用灯丝灯泡前照灯》规定了 M、N 类汽车用灯丝灯泡前照灯和封闭式前照灯的配光性能、试验方法和检验规则等。

1）前照灯的配光应使近光具有足够的照明和不炫目，远光具有良好的照明。

2）配光性能应在距离前照灯基准中心前 25m 的配光屏幕上测量，各测试点、区的位置如图 5-1 所示。

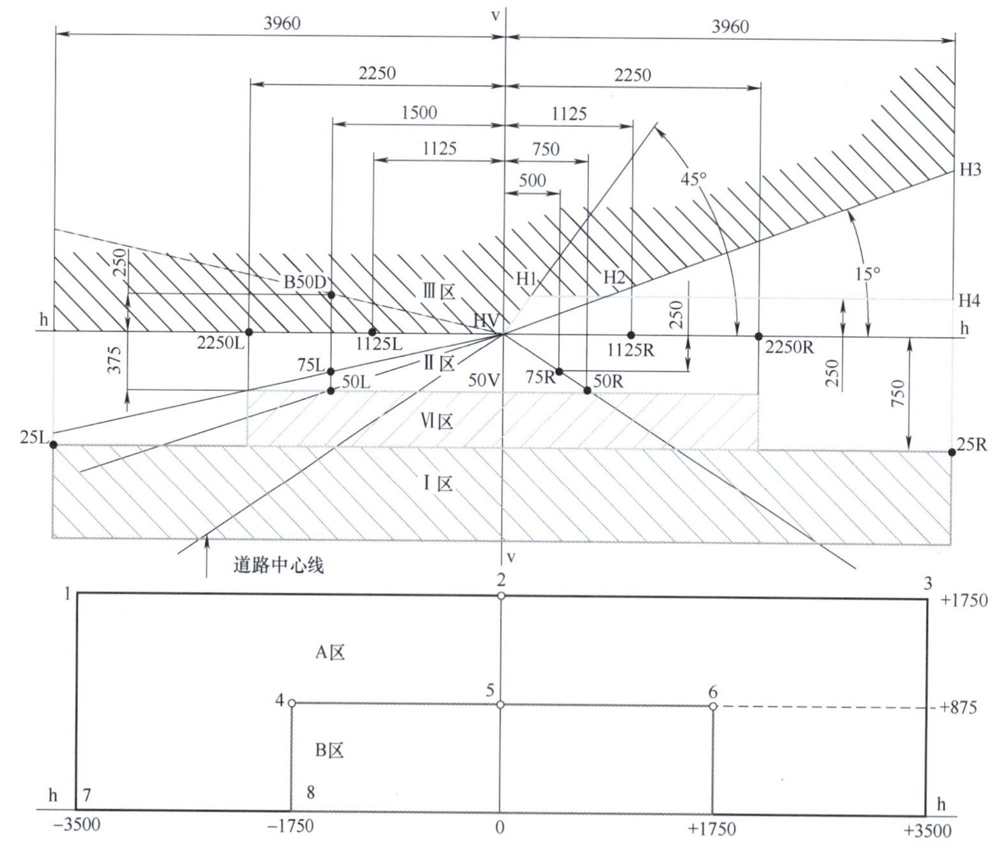

图 5-1　汽车用灯丝灯泡前照灯配光屏幕

3）在配光屏幕上，近光应产生明显的明暗截止线，其水平部分位于 v-v 线左侧，右侧为 HV-H2-H3 线或 HV-H1-H2-H4 线。

4）近光在配光屏幕上的照度限值应符合表 5-1 的规定。

表 5-1　汽车用灯丝灯泡前照灯近光照度限值

测试点或区域	A 级前照灯和 SB 灯光组 /lx	B 级前照灯和 HSB 灯光组 /lx
B50L	≤ 0.3[a]，≤ 0.4	≤ 0.4
75R	≥ 6	≥ 12
75L	≤ 12[a]	≤ 12
50L	≤ 15[a]	≤ 15
50R	≥ 6	≥ 12
50V	—	≥ 6
25L	≥ 1.5	≥ 2
25R	≥ 1.5	≥ 2
Ⅲ区中任何点	≤ 0.7	≤ 0.7
Ⅴ区中任何点	≥ 2	≥ 3
Ⅰ区中任何点	≤ 20	≤ 2 · E_{50R}[b]

[a] 封闭式白炽灯 SB 灯光组为 0.3，且不包括测试点 75L 和 50L。

[b] E_{50R} 为 50R 的实测照度值。

5）对于半封闭式前照灯，在配光屏幕上 A、B 区中，测试点 1~8 的照度限值应符合以下规定：

测试点 1+2+3 ≥ 0.3lx；

测试点 4+5+6 ≥ 0.6lx；

0.7lx ≥测试点 7 ≥ 0.1lx；

0.7lx ≥测试点 8 ≥ 0.2lx。

6）远光在配光屏幕上的照度限值应符合表 5-2 规定。

表 5-2　汽车用灯丝灯泡前照灯远光照度限值

测试点或区域	A 级前照灯和 SB 灯光组 /lx	B 级前照灯和 HSB 灯光组 /lx
E_{max}	≥ 32	≥ 48 且≤ 240
HV 点	≥ 0.80E_{max}，≥ 0.90E_{max}[a]	≥ 0.80E_{max}
HV 点至 1125L 和 R	≥ 16	≥ 24
HV 点至 2250L 和 R	≥ 4	≥ 6

[a] 0.90E_{max} 适用于 SB 灯光组。

7）对于远、近光卤钨灯，其远光最大照度值应不大于近光 75R 测量照度值的 16 倍。

3. 汽车用气体放电光源前照灯配光性能

GB 21259—2007《汽车用气体放电光源前照灯》规定了 M、N 类汽车使用的各种类型的气体放电光源前照灯的配光性能、试验方法和检验规则等。

1）前照灯的配光应使近光具有足够的照明和不产生炫目，远光具有良好的照明。

2）配光性能应在距离前照灯基准中心前 25m 的配光屏幕上测量，各测试点、区的位置如图 5-2 和图 5-3 所示。

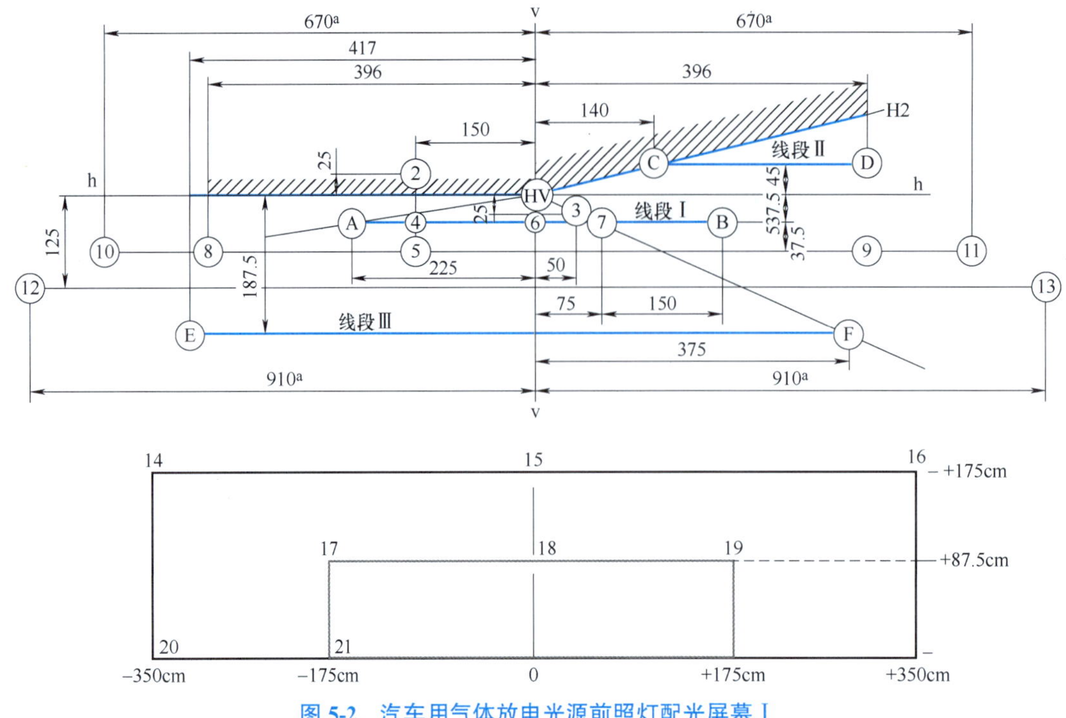

图 5-2 汽车用气体放电光源前照灯配光屏幕Ⅰ

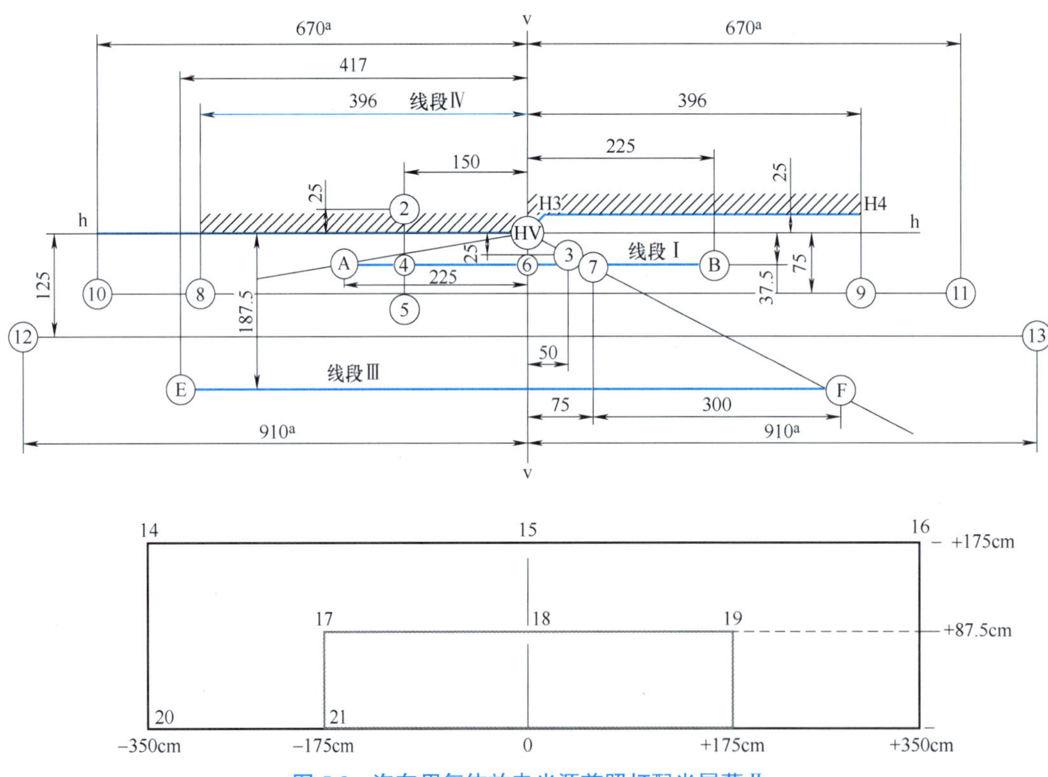

图 5-3 汽车用气体放电光源前照灯配光屏幕Ⅱ

3）在配光屏幕上，近光应产生明显的明暗截止线，其水平部分位于 v-v 线左侧，右侧为测量屏幕Ⅰ上的 HV-H2 线，或测量屏幕Ⅱ上的 HV-H3-H4 线。在任何情况下，明暗截止线不能越过这些线的组合。

4）近光点亮 10min 后，在测量屏幕Ⅰ或测量屏幕Ⅱ上产生的照度应符合表 5-3 中的要求（对线段

Ⅱ规定的值不适用测量屏幕Ⅱ)。

表 5-3　汽车用气体放电光源前照灯近光照度限值

点或线段	名称	照度 /lx	水平距离 /cm	垂直距离 /cm
	h H2 线上和该线上方，或 h H3 H4 线上和该线上方	1_{max}		
1	HV	1max	0	0
2	B50L	0.5max	L150	U25
3	75R	20min	R50	D25
4	50L	20max	L150	D37.5
5	25L1	30max	L150	D75
6	50V	12min	0	D37.5
7	50R	20min	R75	D37.5
8	25L2	4min	L396	D75
9	25R1	4min	R396	D75
10	25L3	2min	L670	D75
11	25R2	2min	R670	D75
12	15L	1min	L910	D125
13	15R	1min	R910	D125
14	—	[a]	L350	U175
15	—	[a]	0	U175
16	—	[a]	R350	U175
17	—	[a]	L175	U87.5
18	—	[a]	0	U87.5
19	—	[a]	R175	U87.5
20	—	0.1min	L350	0
21	—	0.2min	L175	0
A 到 B	线段Ⅰ	6min	L225 至 R225	D37.5
C 到 D	线段Ⅱ	6max	R140 至 R396	U45
E 到 F	线段Ⅲ和其下	20max	L417 至 R375	D187.5
—	E_{maxR}	70max	v-v 线右边	D75 以上
—	E_{maxL}	50max	v-v 线左边	—

注：1. 字母 L 表示位于 v-v 线左边的点或线段。
2. 字母 R 表示位于 v-v 线右边的点或线段。
3. 字母 U 表示位于 h-h 线上方的点或线段。
4. 字母 D 表示位于 h-h 线下方的点或线段。

[a] 点 14~ 点 19 上的照度值应按以下计算：

14+15+16 ⩾ 0.3lx

17+18+19 ⩾ 0.6lx

5）远光在配光屏幕上的照度限值应符合：

① h-h 线和 v-v 线的交点 HV 点应位于代表最大照度（E_{max}）80% 的等照度范围内，该最大照度为 E_{max}，应在 70~180lx 范围内。

② 从 HV 点起始，分别向右和向左水平延伸至距离 1.125m，照度值不得小于 40lx；至距离 2.25m，照度不得小于 10lx。

4. 汽车用 LED 前照灯配光性能

GB 25991—2010《汽车用 LED 前照灯》规定了 M、N 类汽车使用的 LED 前照灯，或主要由 LED 光源或 LED 模块形成远光或近光的 LED 前照灯配光性能、光色、温度循环等。

1）前照灯近光应具有足够的照明并不产生炫目，远光应具有良好的照明。

2）配光性能应在距离前照灯基准中心前 25m 的垂直平面配光屏幕上测量，各测试点、区域的位置如图 5-1 所示。

3）在配光屏幕上，近光应产生明显的明暗截止线，其水平部分位于 v-v 线左侧，右侧为 HV-H2-H3 线或 HV-H1-H2-H4 线。不允许有多条明暗截止线目视可见。

4）近光在配光屏幕上的照度限值，应符合表 5-4 的规定。

表 5-4　汽车用 LED 前照灯近光照度限值

点、线段、区域	水平距离 /mm	垂直距离 /mm	照度 /lx
HV	0	0	≤ 0.7
B50L	L1500	U250	≤ 0.4
75R	R500	D250	≥ 12
75L	L1500	D250	≤ 12
50L	L1500	D375	≤ 15
25L	L3960	D750	≥ 2
50V	0	D375	≥ 6
50R	R750	D375	≥ 12
25R	R3960	D750	≥ 2
Ⅰ区任何点			≤ 2 · E_{50R}[a]
Ⅱ区任何点			≤ 0.7
Ⅳ区任何点			≥ 3

[a] E_{50R} 为 50R 的实测照度值。

5）对于 LED 前照灯，在配光屏幕中，测试点 1~8 的照度限值应符合以下规定：

测试点 1+2+3 ≥ 0.3lx；

测试点 4+5+6 ≥ 0.6lx；

0.7lx ≥测试点 7 ≥ 0.1lx；

0.7lx ≥测试点 8 ≥ 0.2lx。

6）远光在配光屏幕上的照度限值应符合表 5-5 的规定。

7）对于远、近光 LED 前照灯，其远光最大照度值应不大于近光 75R 测量照度值的 16 倍。

表 5-5　汽车用 LED 前照灯远光照度限值

测试点或区域	照度 /lx
E_{max}	≥ 48 且≤ 240
HV 点	≥ 0.80E_{max}
HV 点至 1125L 和 R	≥ 24
HV 点至 2250L 和 R	≥ 6

5. 装车前照灯的标准要求

GB 7258—2017《机动车运行安全技术条件》规定了汽车前照灯的远光光束发光强度和光束照射位置。

（1）基本要求

1）汽车装备的前照灯应有远、近光变换功能；当远光变为近光时，所有远光应能同时熄灭。同一辆汽车上的前照灯不应左、右的远、近光灯交叉开亮。

2）所有前照灯的近光均不应炫目，汽车装用的前照灯应分别符合 GB 4599—2007、GB 21259—2007、GB 25991—2010、GB 5948—1998 及 GB 19152—2016 的规定。

3）机动车前照灯光束照射位置在正常使用条件下应保持稳定。

4）汽车应具有前照灯光束高度调整装置 / 功能，以方便地根据装载情况对光束照射位置进行调整；该调整装置如为手动的，应坐在驾驶座上就能被操作。

（2）远光光束发光强度要求　汽车每只前照灯的远光光束发光强度应达到表 5-6 的要求；并且，同时打开所有前照灯（远光）时，其总的远光光束发光强度应不超过 225000cd。测试时，电源系统应处于充电状态。

表 5-6　前照灯远光光束发光强度最小值要求

汽车类型	检查项目 /cd			
	新车注册		在用车	
	两灯制	四灯制[a]	两灯制	四灯制[a]
最高车速小于 70km/h 的汽车	10000	8000	8000	6000
其他汽车	18000	15000	15000	12000

[a] 四灯制是指前照灯具有四个远光光束，采用四灯制的机动车其中两只对称的灯达到两灯制的要求时视为合格。

（3）光束照射位置要求

1）在空载车状态下，汽车前照灯近光光束照射在距离 10m 的屏幕上，近光光束明暗截止线转角或中点的垂直方向位置，对近光光束透光面中心（基准中心，下同）高度小于或等于 1000mm 的汽车，应不高于近光光束透光面中心所在水平面以下 50mm 的直线且不低于近光光束透光面中心所在水平面以下 300mm 的直线；对近光光束透光面中心高度大于 1000mm 的汽车，应不高于近光光束透光面中心所在水平面以下 100mm 的直线且不低于近光光束透光面中心所在水平面以下 350mm 的直线。前照灯近光光束明暗截止线转角或中点的水平方向位置，与近光光束透光面中心所在垂直面相比，向左偏移应小于或等于 170mm，向右偏移应小于或等于 350mm。

2）在空载车状态下，对于能单独调整远光光束的汽车前照灯，前照灯远光光束照射在距离 10m 的屏幕上，其发光强度最大点的垂直方向位置，应不高于远光光束透光面中心所在水平面（高度值为 H）以上 100mm 的直线且不低于远光光束透光面中心所在水平面以下 $0.2H$ 的直线。前照灯远光发光强度最大点的水平位置，与远光光束透光面中心所在垂直面相比，左灯向左偏移应小于或等于 170mm 且向右偏移应小于或等于 350mm，右灯向左和向右偏移均应小于或等于 350mm。

知识点二　汽车前照灯的检测方法

1. 配光性能检测

综合国内外车灯配光性能测试技术和方法的发展和现状，主要有人工逐点测试法、配光屏布点测试法、屏幕坐标定位测试法、车灯旋转测试法。目前，国内外各灯具厂与检验机构，在测试汽车前照灯配光性能时，大多采用车灯旋转测试法。这种方法在进行测试时，将汽车车灯固定在一个旋转台上，在屏幕的 HV 点放置探测器，通过旋转汽车车灯来进行照度测试，并配以计算机进行数据采集与全自动控制，可获得相对较全的屏幕照度分布数据。

2. 远光光束发光强度和光束照射位置检测

（1）屏幕法检测前照灯光束照射位置

1）检测场地应平整，屏幕与场地应垂直，被检验的车辆应在空载、轮胎气压正常、乘坐一名驾驶人的条件下进行。将车俩停置于屏幕前，并与屏幕垂直，使前照灯基准中心距屏幕 10m。

2）屏幕上画有三条垂直线和三条水平线：中间垂直线 v-v 与被检车辆的纵向中心垂直面对齐。两侧的垂直线 V_L 和 V_R 分别为被检车辆左右前照灯基准中心的垂直线。水平线中的 h-h 线与被检车辆前照灯的基准中心等高，距地面高度为 H；H 为被检车辆前照灯基准中心距地面的高度，其值视被检车型而定。

3）中间水平线与被检车辆前照灯远光光束的中心等高 H_1，距地面高度 H_1=0.85H~0.90H。

4）下侧水平线与被检车辆前照灯近光光束的中心等高 H_2，距地面高度 H_2=0.60H~0.80H。

5）检测时，先遮盖住一边的前照灯，然后打开前照灯的近光开关，未被遮盖前照灯的近光明暗截止线转角或光束中心应位于下侧水平线与 V_L 或 V_R 线的交点位置上。否则，为光束照射位置偏斜，其偏斜方向和偏斜量可在屏幕上直接测量。用同样的方法，检测另一边前照灯近光光束照射位置。远光光束中心应位于中间水平线与 V_L 或 V_R 线的交点位置上。

（2）前照灯检测仪检测前照灯远光光束发光强度和光束照射位置　用于检测汽车前照灯性能的设备称为前照灯检测仪。用检测仪检测灯光性能时，一般距离前照灯为 1m 或 3m，检测时前照灯的光束通过检测仪的聚光透镜和光电元件等，将 1m 或 3m 处的光照度折算成 10m 处的照度，并以发光强度值进行指示。检测前照灯时，距离越远，检测测量值越准确，但需要的场地较大。一般在 3m 以内误差约为 15%，可见，使用前照灯检测仪检测的准确性不如屏幕法高。但通过对仪器误差进行修正，加之占用场地小、使用方便等优点，前照灯检测仪在检测线上得到广泛的应用。

目前，国内使用的前照灯检测仪按检测对象分有两种类型：一类是采用 SAE 标准（美国采用的标准）的前照灯检测仪，它可用来检测对称光的前照灯，如自动追踪光轴式前照灯检测仪等；另一类是采用 ECE 标准（联合国欧洲经济委员会标准）的前照灯检测仪，它可用于检测对称光和非对称光前照灯，这类检测仪主要有两种结构形式：一种是投影式前照灯检测仪，其屏幕采用特殊材料制作，易于识别被测前照灯光束投影的明暗截止线；另一种是采用 CCD 和光电技术的 CCD 前照灯检测仪。

图 5-4　汽车前照灯检测仪

前照灯检测仪按其结构特征和测量方法可分为聚光式、屏幕式、投影式和自动追踪光轴式等类型。这些不同类型的前照灯检测仪均由接收前照灯光束的受光器、使受光器与汽车前照灯对正的校准装置、前照灯发光强度指示装置、光轴偏斜方向和偏斜量指示装置，以及支柱、底板、导轨、车辆摆正找准装置等组成，如图 5-4 所示。

不同牌号和形式的检测仪，其使用方法有所不同，检测前先认真阅读检测仪的使用说明书，并按说明书的操作规范进行检测。

GB 38900—2020《机动车安全技术检验项目和方法》规定了使用自动式前照灯检测仪检验检测前照灯的步骤。

检验前仪器及车辆准备：前照灯检测仪受光面应清

洁；对于手动式前照灯检测仪，应检查其电池电压是否在规定范围内；轨道内应无杂物，使仪器移动轻便；前照灯应清洁。

采用自动式前照灯检测仪检验时，按以下步骤进行：

1）车辆沿引导线居中行驶至规定的检测距离处停止，车辆的纵向轴线应与引导线平行，如不平行，车辆应重新停放，或采用车辆摆正装置进行摆正。

2）置变速器于空档，车辆电源处于充电状态，开启前照灯远光灯。

3）给自动式前照灯检测仪发出启动测量的指令，仪器自动搜寻被检前照灯，并测量其远光发光强度。

4）按上述3）步骤完成车辆所有前照灯的检测。

5）在对并列的前照灯（四灯制前照灯）进行检验时，应将与受检灯相邻的灯遮蔽。

6）采用气体放电光源前照灯时，测试前应预热。

知识点三　汽车前照灯不合格的原因分析

前照灯检验不合格有以下几种情况：

1. 前照灯发光强度偏低

1）检查前照灯反光镜的光泽是否明亮，如昏暗或镀层剥落或发黑应予以更换。

2）检查灯泡是否老化，质量是否符合要求，如老化或质量不符合要求，光照度偏低者应予以更换。

3）检查蓄电池端电压是否偏低，如端电压偏低，应先充足电再检测。送检汽车普遍存在蓄电池电量不足、端电压偏低的现象。如由蓄电池供电，前照灯发光强度一般很难达到标准的规定；如由发电机供电，则大部分汽车前照灯发光强度增加，多数可达到标准规定。

2. 左右前照灯发光强度不一致

检查发光强度偏低的前照灯的反射镜光泽是否昏暗，灯泡是否老化，质量是否符合要求。通常，故障多为搭铁电路接触不良。

3. 前照灯光束照射位置偏斜

前照灯安装位置不当或因强烈振动而错位致使光束照射位置偏斜超标，应予以调整。前照灯光束照射位置偏斜的调整可在前照灯检验仪上进行。

根据检测标准要求，在检测调整光束照射位置时，对不能单独调节远光的前照灯以检测调整近光光束为主。如果制造质量合格的灯泡，近光调整合格后，远光光束一般也能合格；若近光光束调整合格后，经复核远光光束照射方向不合格，则应更换灯泡。

【任务实施】

任务导入

前照灯是汽车在夜间或能见度较低的条件下，为驾驶人提供行车道路照明的重要装备，为保证夜间行车安全，前照灯的远光光束发光强度和光束照射位置被列为汽车运行安全检测的必检项目。下面，就结合任务描述中的情景，初步检测客户车辆前照灯的远光光束发光强度和光束照射位置；分析前照灯不合格原因，并给出合理的解决方案。建议按以下行动过程来完成任务：

步骤一：了解客户车辆的技术状况。

步骤二：初步检测客户车辆前照灯远光光束发光强度和光束照射位置。

步骤三：分析前照灯不合格的原因，并给出合理的解决方案。

汽车前照灯检测实训记录表见表5-7。

表 5-7　汽车前照灯检测实训记录表

客户基本信息				
姓名	性别	驾龄	联系方式	备注
客户车辆的技术状况				
初步检测客户车辆前照灯				
分析前照灯不合格的原因，并给出合理的解决方案				

步骤四：评价工作成果与学习成果。

此步骤是在资料的汇总与整理基础上进行任务总结，可以尝试回答以下问题：

1. 你设定的目标是否达成？
2. 能否分析前照灯不合格的原因，并给出合理的解决方案？
3. 王女士是否满意你的解决方案？
4. 你认为还需掌握哪些知识？

任务评价

评价表见表 5-8。

表 5-8　评价表

评分项	评分子项目	评分细则	自我评价	小组评价	教师评价
纪律 （5 分）	1）不迟到 2）不早退 3）学习用品准备齐全 4）积极参与课程问题思考和回答 5）积极参与教学活动	未完成 1 项扣 1 分，扣分不得超过 5 分			
职业素养 （15 分）	1）具备遵纪守法、文明驾驶的意识 2）勇于探索，实事求是 3）积极与他人合作 4）积极帮助他人 5）遵守礼仪礼节 6）做事态度严谨、认真 7）具备劳动精神，能主动做到场地的 6S 管理	未完成 1 项扣 5 分，扣分不得超过 15 分			

（续）

评分项	评分子项目	评分细则	自我评价	小组评价	教师评价
专业技能（40 分）	1）能熟知汽车前照灯的评价指标 2）能熟知汽车前照灯的标准要求 3）能够掌握汽车前照灯的检测方法 4）能分析汽车前照灯不合格的原因	未完成 1 项扣 10 分，扣分不得超过 40 分			
工具及设备的使用（20 分）	1）能正确使用 iPad、计算机上的一些图片处理和视频拍摄软件 2）能正确使用谈判桌等场地工具 3）能正确使用检测设备	未完成 1 项扣 10 分，扣分不得超过 20 分			
任务工单填写（20 分）	1）字迹清晰 2）语句通顺 3）无错别字 4）无涂改 5）无抄袭 6）内容完整 7）回答准确 8）有独到的见解	未完成 1 项扣 5 分，扣分不得超过 20 分			

【知识自测】

1. 填空题

1）GB 7258—2017《机动车运行安全技术条件》规定了汽车前照灯的________和________。

2）发光强度的单位是________，照度的单位是________。

2. 简答题

1）发光强度和照度有什么关系？

2）前照灯检测仪的类型有哪些？它由哪些主要装置组成？

3）简述前照灯检测仪的检测原理。

4）如何使用自动追踪光轴式前照灯检测仪进行前照灯的检测？

5）汽车前照灯不合格的原因有哪些？

【拓展提升】

1）阅读 GB/T 43081—2023《道路车辆灯泡和光源 尺寸、光电性能要求》，并查阅相关资料，了解汽车灯泡的相关知识。

2）查阅相关资料，了解汽车前照灯的发展史、汽车前照灯的结构，以及灯丝灯泡前照灯、LED 前照灯、气体放电光源前照灯的优缺点。

任务二　汽车车速表检测

【任务描述】

车速表的指示误差直接关系到车辆行驶的安全性和驾驶的准确性。该任务主要是了解汽车车速表产生误差的原因及标准要求，通过专业的检测设备和方法，对汽车车速表进行精确的检测和校准，以确保其指示的车速与车辆实际行驶的车速保持一致，从而避免因车速表误差而导致的驾驶误判和潜在的交通事故。在车速表检测任务中，检测人员会利用先进的滚筒式车速表试验台等设备进行测试。这些设备能够模拟车辆在道路上的实际行驶状态，通过测量车轮在滚筒上的线速度，并与驾驶室内车速表的显示值进行对比，从而准确地评估出车速表的指示误差。为了确保检测的准确性和可靠性，检测前需要对被检车辆进行一系列细致的准备工作，包括检查轮胎的气压、花纹深度和清洁度等，以确保检测结果的准确性不受车辆状态的影响。同时，检测人员还会对试验台的滚筒、举升器、信号线等部件进行严格的检查和维护，以确保设备的正常运行和检测的顺利进行。

在限速 80km/h 公路的测速位置时，李先生发现此时自己汽车的车速表显示 90km/h，令李先生感到意外的是，后续他并没有查到自己超速的违章记录。到 4S 店维护时，李先生向接待人员反映，车辆的车速表有问题，希望接待人员给出解决方法。作为一名售后经理，请你结合专业知识检查车速表的实际状况，并给出合理解决方案。

【任务目标】

通过本任务的学习，需要达成以下目标：

1. 熟知汽车车速表的标准要求。
2. 熟知汽车车速表产生误差的原因。
3. 掌握汽车车速表的检测方法。
4. 能正确使用测速仪检测车速表的指示误差。
5. 能正确分析车速表指示误差不合格的原因。
6. 树立遵纪守法的自觉性，养成文明开车的良好行为习惯。
7. 养成良好的心理素质和克服困难的能力。
8. 养成勇于探索、实事求是的职业素养。

【任务分析】

通过本任务的学习，可以掌握汽车车速表产生误差的原因，熟知汽车车速表的标准要求及检测方法，正确分析车速表指示误差不合格的原因。

要完成本学习任务，可以按照以下流程进行：

1）学习“汽车车速表产生误差的原因”“汽车车速表误差的测量原理”“汽车车速表的检测要求及检测方法”等知识点。

2）熟悉 GB 7258—2017《机动车运行安全技术条件》国家标准，了解汽车车速表指示误差的检测方法和检测设备。

3）了解客户车辆的技术状态，分析汽车车速表指示误差不合格的原因，并给出合理的解决方案。

完成本任务所需的知识详见后续知识准备中的各知识点。

【知识准备】

知识点一　汽车车速表产生误差的原因

道路交通运输条件的改善，尤其是城市立体交通和城市高速公路的建设，提高了汽车行驶的平均速度，也节省了时间，提高了运输效率。然而，车速太快，方向就难以准确控制，遇到紧急情况可能来不及采取措施，还会增大紧急制动距离，因而容易造成交通事故。要监视行车速度，单凭驾驶人的主观感觉或经验是不行的，必须依靠车速表。

随着汽车使用时间的延长，车速表的误差往往会逐渐增大。造成车速表失准的原因主要有车速表传动或本身机件损坏，轮胎磨损或气压不符合规定引起的误差两个方面。

1. 车速表传动或本身机件损坏

不论磁电式车速表还是电子式车速表，其主轴都是由与变速器相连的软轴驱动的。

磁电式车速表是由与变速器（或分动器）传动齿轮经软轴连接而驱动的。当汽车行驶时，与主轴固定连接的永久磁铁也一起旋转，磁铁的磁力线在铝罩上产生涡流，并建立一个磁场，旋转的磁铁与铝罩磁场相互作用产生转矩，引起铝罩偏转并带动游丝和指针偏转，最后达到涡流力矩与游丝的弹性反力矩相平衡。车速越高，涡流力矩越大，指针偏转的角度也越大。

电子式车速表由车速传感器、信号处理电路、车速表和里程表组成。主轴的转动会引起传感器产生与主轴转速成正比的脉冲信号，信号处理电路将速度传感器输入的脉冲信号转换成与速度成正比的电流信号，使电流表指针偏转，指示出相应的速度。

随着汽车行驶里程的延长，车速表内带指针的活动转盘、带永久磁铁的转轴以及轴承齿轮、游丝等机械零件和磁性元件在工作过程中不可避免地要发生磨损，永磁元件可能退磁、老化，这些因素都会造成车速表的指示误差。

2. 轮胎磨损或气压不符合规定引起的误差

车速表的指示值仅仅与车轮的转速成正比，而汽车行驶的速度相当于驱动轮的线速度，线速度不仅与转动速度有关，还与车轮的半径有关。

理论上，若驱动车轮的半径为 r，其转速为 n，则可以算出汽车行驶的线速度为

$$v=\frac{2\pi rn}{60}=0.377\text{km/h}$$

但是由于轮胎是一个充气的弹性体，因此汽车行驶时，轮胎在受到垂直载荷、车轮驱动力和地面阻力等作用下会发生弹性变形；另外，轮胎磨损、气压变化等因素也会影响车轮半径的变化。因此，即使在驱动车轮转速不变的情况下，也会出现实际车速与车速表指示值不一致的现象。

知识点二　汽车车速表误差的测量原理

车速表的测量原理是以车速表试验台的滚筒作为连续移动的路面，把被测车轮置于滚筒上旋转，来模拟汽车在路面上行驶时的实际状态，进行车速表误差的检测。

检测时汽车驱动车轮置于测速滚筒上，由发动机经传动系统驱动车轮旋转，车轮借助于力带动测速滚筒旋转，旋转的测速滚筒相当于移动的路面。驱动车轮在该测速滚筒上旋转，来模拟汽车在路面上行驶时的实际状态。通过测速滚筒的线速度来达到测量汽车行驶速度的目的。测速滚筒端部的测速发电机所发出的电压（或电流）与测速滚筒的转速成正比，测速滚筒的转速又与车速成正比，其测量原理图如图 5-5 所示。

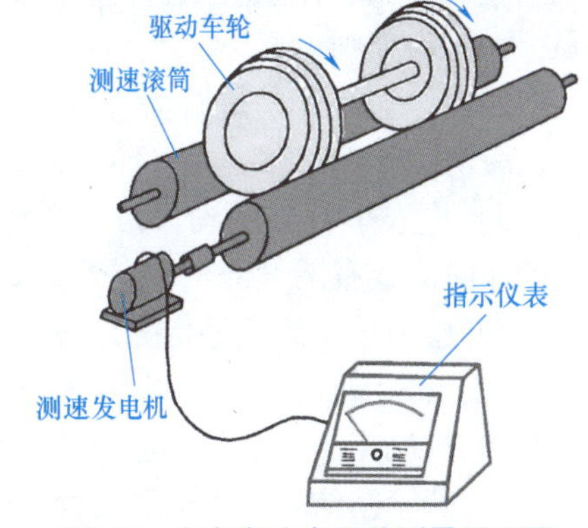

图 5-5　汽车车速表误差测量原理图

将驱动车轮的转速转换为测速滚筒的转速，进而通过测速发电机按照一定的换算关系在指示仪表上显示出一个速度，此速度即实际车速；车轮在测速滚筒上转动的同时，车速表的软轴由变速器或分动器输出轴带动旋转，并在车速表上显示车速值，即车速表指示值。将试验台上速度指示仪表上显示的车速值与车速表上显示的车速值相比较，即可测出车速表的误差。

测速滚筒的线速度 u、滚筒直径 d 与转速 n 之间的关系为

$$u=60\pi dn\times10^{-6}$$

式中　u——测速滚筒的线速度（km/h）；

n——测速滚筒的转速（r/min）；

d——测速滚筒的直径（mm）。

显然，车轮的线速度与测速滚筒的线速度相同，因此上述计算值为汽车的实际值车速值，该值在试

验时由试验台上的指示仪表显示。

知识点三 汽车车速表的标准要求及检测方法

1. 汽车车速表指示误差的标准要求

GB 7258—2017《机动车运行安全技术条件》规定了车速表指示误差：车速表指示车速 v_1 与实际车速 v_2 之间应符合下列关系式

$$0 \leqslant v_1 - v_2 \leqslant (v_2/10) + 4$$

即实际车速为 40km/h 时，汽车车速表显示值应为 40~48km/h；或当汽车车速表显示值为 40km/h 时，实际车速应为 32.8~40km/h。超过上述范围，则车速表的指示误差不合格。对于无法在车速表试验台上检验车速表指示误差的汽车（如四轮驱动汽车、具有驱动防滑控制装置的汽车等），可路试检验车速表指示误差。

2. 道路试验法检测车速表指示误差

道路试验法一般采用测速法和测时间法两种方法：测速法是使用第五轮仪或非接触测速仪来测定实际的汽车行驶速度，测时间法是测出汽车以不同的车速通过相同长度的路段来检测实际的汽车行驶速度。例如，当汽车以不同的车速（如 20km/h、30km/h、40km/h）等速通过 500m 的试验路段，测出通过 500m 的时间，然后用下式计算实际车速为

$$v_{实} = 3.6 \times 50/t$$

把计算得到的实际车速与仪表上车速表指示的车速相对照，即可求出不同车速下车速表的指示误差。

3. 台架试验法检测车速表指示误差

台架试验法利用车速表试验台检测实际车速，车速表试验台按有无驱动装置可分为标准型与电机驱动型两种。标准型试验台没有驱动装置，靠被测汽车驱动车轮带动滚筒旋转；电机驱动型试验台由电动机驱动滚筒旋转再由滚筒带动车轮旋转。汽车车速表试验台如图 5-6 所示。

检测前需要先做好准备工作，主要包括试验台的准备和被检汽车的准备。

图 5-6 汽车车速表试验台

（1）试验台的准备

1）在滚筒静止状态检查测量仪表的显示值是否为零，如不为零则应调零。

2）检查滚筒上是否沾有油、水、泥等杂物，若有，应清除干净。

3）检查举升器的动作是否自如、有无漏气部位，若动作阻滞或有漏气部位，应予修理。

4）检查导线的接触情况，若有接触不良或断路，应予修理或更换。

（2）被检汽车的准备

1）按汽车制造厂的规定调整好轮胎气压。

2）若轮胎沾有水、油等杂物或轮胎花纹沟槽内嵌有小石子时，应清除干净。

（3）检测步骤　检测前的准备工作完成后，即可进行车速表的检测，检测步骤如下：

1）接通试验台的电源。

2）升起滚筒间的举升器。

3）将驱动车轮与滚筒呈垂直状态停放在试验台上。

4）降下滚筒间的举升器。

5）为防止检测时车辆向前驶出试验台，应用挡块抵住非驱动车轮。

6）对于标准型车速表试验台，起动汽车，待汽车的驱动车轮在滚筒上稳定后，挂入最高档，踩下

加速踏板使驱动车轮平稳地加速运转。当汽车车速表的指示值达到规定检测车速（40km/h）时，读取试验台速度表的指示值，或当试验台速度表的指示值达到检测车速时，读取汽车车速表的指示值。

7）对于驱动型车速表试验台，接合试验台离合器，使滚筒与电动机连在一起，将汽车的变速器挂入空档，接通试验台电源，电动机驱动滚筒旋转，当汽车车速表达到检测车速时，读取试验台速度表的指示值，或当试验台速度表达到检测车速时，读取汽车车速表的指示值。

8）检测结束后，应迅速挂入空档，轻踩下汽车制动踏板，使滚筒停止转动。对于驱动型试验台，应先关闭电源再踩制动踏板。

9）升起举升器，去掉挡块，将汽车驶离试验台。

10）切断试验台的电源。

【任务实施】

任务导入

汽车使用一定的时间后，仪表上的车速表会产生误差，当车速表的误差太大时，驾驶人在限速路段行驶时难以正确控制车速，严重时可能会引起交通事故。下面，就结合任务描述中的情景，检测客户车辆车速表的指示误差；分析汽车车速表指示误差不合格的原因，并给出合理的解决方案。

要完成本学习任务，可以按照以下流程进行：

步骤一：了解客户车辆的技术状况。

步骤二：检测客户汽车车速表的指示误差。

步骤三：分析汽车车速表指示误差不合格的原因，并给出合理的解决方案。

汽车车速表检测实训记录表见表 5-9。

表 5-9 汽车车速表检测实训记录表

客户基本信息				
姓名	性别	驾龄	联系方式	备注
客户车辆的技术状况				
检测客户汽车车速表的指示误差				
分析车速表不合格的原因，并给出合理的解决方案				

步骤四：评价工作成果与学习成果。

此步骤是在资料的汇总与整理基础上进行任务总结，可以尝试回答以下问题：

1. 你设定的目标是否达成？
2. 能否分析车速表不合格的原因，并给出合理的解决方案？
3. 李先生是否满意你的解决方案？
4. 你认为还需掌握哪些知识？

任务评价

评价表见表 5-10。

表 5-10 评价表

评分项	评分子项目	评分细则	自我评价	小组评价	教师评价
纪律 （5 分）	1）不迟到 2）不早退 3）学习用品准备齐全 4）积极参与课程问题思考和回答 5）积极参与教学活动	未完成 1 项扣 1 分，扣分不得超过 5 分			
职业素养 （15 分）	1）具备遵纪守法、文明驾驶的意识 2）勇于探索，实事求是 3）积极与他人合作 4）积极帮助他人 5）遵守礼仪礼节 6）做事态度严谨、认真 7）具备劳动精神，能主动做到场地的 6S 管理	未完成 1 项扣 5 分，扣分不得超过 15 分			
专业技能 （40 分）	1）能熟知汽车车速表产生误差的原因 2）能熟知汽车车速表的标准要求 3）能够掌握汽车车速表的检测方法 4）能正确使用测速仪检测车速表的指示误差	未完成 1 项扣 10 分，扣分不得超过 40 分			
工具及设备的使用 （20 分）	1）能正确使用 iPad、计算机上的一些图片处理和视频拍摄软件 2）能正确使用谈判桌等场地工具 3）能正确使用检测设备	未完成 1 项扣 10 分，扣分不得超过 20 分			
任务工单填写 （20 分）	1）字迹清晰 2）语句通顺 3）无错别字 4）无涂改 5）无抄袭 6）内容完整 7）回答准确 8）有独到的见解	未完成 1 项扣 5 分，扣分不得超过 20 分			

【知识自测】

1. 填空题

1）汽车车速表检测道路试验法一般采用________和________两种方法。

2）车速表试验台按有无驱动装置可分为________和________两种。

2. 简答题

1）汽车车速表误差产生的原因有哪些？

2）目前车速表检测的标准是什么？

3）车速表试验台有哪几种？

4）滚筒式车速表试验台由哪几部分组成？

5）当车辆轮胎气压过高时，实际车速与车速表车速间的关系如何变化？

6）试述车速表检测的步骤。

【拓展提升】

1）查阅相关资料，了解磁电式车速表和电子式车速表的工作原理，了解标准型车速表试验台与电机驱动型车速表试验台的区别。

2）阅读 QC/T 727—2017《汽车、摩托车用仪表》，了解新生产的车速表指示误差的标准要求及检测方法。

参 考 文 献

［1］刘淅，李静森．汽车使用性能与检测［M］．成都：西南交通大学出版社，2021.
［2］潘浩，张强．电动汽车整车性能检测与评价［M］．北京：北京理工大学出版社，2021.
［3］王强．汽车性能与检测技术［M］．北京：电子工业出版社，2018.
［4］庄继晖．汽车性能分析及新能源汽车技术［M］．北京：中国水利水电出版社，2016.
［5］袁泰清，胡浩恒．汽车使用性能与检测［M］．北京：北京理工大学出版社，2016.
［6］吴兴敏，惠有利．汽车整车性能检测［M］．2 版．北京：机械工业出版社，2015.
［7］朱福根．汽车性能与检测技术［M］．北京：人民交通出版社，2013.